合気完結への旅

保江邦夫　浜口隆之

合気完結への旅

透明な力は外力だった

海鳴社

もくじ

まえがき

当初は『合気師弟対決』というタイトルにしようと考えていたのだが、実際に「師弟対談」とでも呼ぶべき長時間の対談を集中的に続けるうち、「弟子」の巧みな策略に乗せられてしまう形で「師匠」がついに自身の「合気修得への道」を具体的に語ってしまった。そう、「合気」を操るための技法がすべてのレベルにおいて解き明かされてしまったのだ。「合気」についてその修練やメカニズム等に関してもうこれ以上に論じる必要がないところまで解明できたため、本書のタイトルも急遽『合気完結への旅――透明な力は外力だった』とすることとなった。

武道の奥義と目されてきた「合気」と呼ばれる不思議な崩し技法は、弱者が強者の攻撃を制して強者を改心させることができる唯一の秘伝技とされ、特にその名を冠する「大東流合気武術」や「合気道」における中心的教義（ドグマ）となっている。ところが、残念なことに現在の大東流合気柔術や合気道においては、この「合気」の秘伝技法は既に失伝してしまっているように見受けられる。そのため、多くの武道家、武術家、格闘家達がこの失われた「合気」を求め、様々に模索・探求している混沌とした現状に、本書は驚愕の一石を投じることになるに違いない。

合気の「師匠」である保江邦夫は、大学入学前にテレビドキュメンタリーで見た「合気道」の開祖・植芝盛平翁による合気道の技に魅せられ大学入学と同時に合気道を始めるも、その半年前に開祖が他界されていた合気道界では、誰もあの不思議な「合気」の技法を実践できていないことを思い知らされてしまう。幸いにも、合気道の先輩の一人が「大東流合気武術」の佐川幸義宗範(師範の長)が「合気」の秘伝技法を今に伝えていらしたことを突き止めて入門したことを知って、自身も後に続いた。そのため、神秘の合気技法を直に受けることができ、自分でそれを修得しようなどとは微塵も思わず、ただただ佐川先生のすばらしい「合気」を見て体験できることが嬉しく、東京から岡山に戻ってからも時間を見つけては通い稽古を続けていた。

そんなとき、神の計らいとしか言えないような奇跡的出会いによって、キリスト教カトリックに密かに伝えられてきたキリスト伝来の「活人護身術」(その後「冠光寺眞法」と命名)をスペイン人修道士・エスタニスラウ神父より授かってしまう。それは新約聖書にも記述がある如く、襲いかかってきた暴漢をも愛することで、イエス・キリストがその暴漢をまるで赤子を抱いて寝かしつけるかのようにして地面に緩やかに倒して一瞬で改心させるという、まさに「汝の敵を愛せよ」を実践する技法だった。それが佐川幸義先生の「合気」を身に受けたときの感覚とまったく同じだったために、ついに「合気は愛だ」と開眼し、大東流合気柔術や合気道の技の中に「汝の敵を愛せよ」というキリストの教えを明確に入れることで、失われていた「合気」を復活させてきたのだ。

その「師匠」の下に最初に入門した赤堀美希と前山泰彦の二名は十年の修行を経て共に「合気に剛も柔もない、接触も非接触もない、方向も反応もない、あるいは正邪善悪といった心持ちもまったく関係ない……すべては一つの愛（空、有、存）である」という「合気開眼」に達し「冠光寺眞法」の免許皆伝を受けることができた。また、空手に「合気」を取り入れることで「氣空術」を創始した畑村洋数も、型や技術を超えて心の在り方に本質を見出したと思われるため、近々免許皆伝となるだろう。ところが、武道家や格闘家として長年修行してきた門人達は身体技法や心身操作に「合気」のきっかけを求め、それでうまくいかない場合には「氣」や「気功」さらには「念」や「呪縛」まで取り込んで「合気」を修得しようとしてしまったため、本当の「合気開眼」からはどんどんとかけ離れてしまっていく。確かに、目の前の稽古相手をいくら愛しても倒すことができないという短絡的な不満をつのらせたあげく、手っとり早く相手を倒す身体技術や心理操作に走っていく多くの門人達の気持ちが理解できないわけではない。

しかし、これではせっかく復活させ得た「合気」も、再び邪説が飛び交う混沌とした武術界の深淵に沈んでしまいかねない。かねてよりそんな危機感を持っていた「師匠」に対し、古くからの「弟子」である浜口隆之によって実に時を得た提案がなされた。それは、彼を相手に、この時点で一度徹底的に「師匠」の口から「合気開眼」したときの経緯を詳細にカミングアウトしてもらい、「合気」の真髄である「愛」あるいは「汝の敵を愛せよ」という教えの壁を乗り越えられずにいる迷える子羊達に一つの大きな突破口を与えてもらいたいということだった。それに加え、身体技法や心身操作さらには「意識」や「気」を操るといったアプローチが、「師匠」から見て何らか合気修得に至る途中段階として意味があるものなのか、あるいはまったくないのか、さらにはむしろ道を迷わせる危険因子となっているのかについても、屈託のない意見を述べてほしいとのこと。

幸いなことに「弟子」である浜口隆之は天下の英才達が集う名門「灘高」で長年にわたって物理学の教員をしていることからわかるように、身体運動に関する力学的・物理学的な考察に長けているだけでなく、いくつかの他流派武術を修行してきた経験もある。さらには、自身で神戸に道場を開設して多くの門人を指導・育成してきたが、その定評ある指導の中から彼が「身体合気」と呼ぶ身体力学的に普遍的な崩し技法を発見し、それを「浜口メソッド」として体系化している。対談相手、いや対決相手としては、まさに申し分のない人物だ。

さあ、以下に始まる「合気師弟対決」によってどのような形に「合気」の本質が暴かれていくのか、乞うご期待！

「師匠」保江　邦夫

二〇一七年のクリスマスに

第一部　オーラから透明な力へ

はじめに

保江・浜口さんは、京都大学理学部物理学科を経て、物理オリンピックで金賞を取るような灘高生を教えるという、誠に難しい教育に携わっておられる物理学者ですが、その浜口さんが私の道場に入門されてもう十年ほどになる。この対談はもともとは「合気師弟対決」という趣旨で企画されました。しかし、せっかく両者とも物理学者ですので、この対談は物理学の原理を超えない範囲で、どこまで「合気」を解明できるかを追求できるいい機会だと思い始めたわけです。そのあたりのことを、まず浜口さんからご経歴の紹介を含めてどうお考えか、お聞きしたいと思います。

浜口・それでは、簡単に自己紹介をさせていただきます。一九五六年京都生まれですので、保江先生とは五歳下です。京都の公立中学・公立高校から京大理学部を経て、京都の公立高校で数学の教員を九年間やり、それから平成元年に灘高校の物理に移りました。私の高校・大学生当時は「ブルース・リー」とか「空手バカ一代」が全盛のころで、大学の最初のころ、少林寺拳法を町道場で少しやりました。少林寺拳法は突き・蹴りや柔術技もあり、初心者にはわかりやすい。そのあと合気道に惹かれて、それが藤平光一先生の「心身統一合気道」で、大学卒業後、数年間やりました。そのあと中国拳法や太極拳へ移ったのです。

保江・神戸は中華街があったりして、中国系の先生方が多いですね。

浜口・ええ。けっこう本格的な先生方がいらっしゃいました。その頃誘われて居合道もやったりして、二十代・三十代はあちこちいろいろとやった時代でした。「合気」については全然知らなかったですね。その頃合気道の先輩が、岡本正剛先生の合気の稽古に誘って下さった。そのとき岡本先生の技を直接受けたのですが、それがあまりの衝撃でした。合気道とはまったく違ったからです。「これが合気だよ」と言われて、それ以来、合気というものが気になって仕方がなかったのですが、岡本先生は東京におられて、私は関西。さらにこの技はまったくわからなく、まるで手品のようで、触られただけでのけぞってしまう。そのため、合気の技がすごすぎて修得できないのではないのかといったんあきらめました。十五年くらい前のことですが、道着をいっさい着なくなり、いったん武道をあきらめたのです。

保江・それがよかったみたいですよ。

浜口・それで十年ほどブランクがありました。そのあと、保江邦夫先生の岡山の道場へ行ったのが二〇〇八年七月の終わり。なぜ行ったのかということ、保江先生の『武道vs物理学』(講談社、＋α新書)を読んだからです。初めのほうは力学的にいろいろ正しく展開されていて、それはそうだ、と思いました。ところが、後半のほうでびっくりしました。「究極奥義」という言葉が出てきてしまったからです。「え？ これってあの気になって仕方のなかった合気か」これが普通の方が書いたものなら、あまり気にしなったのですが、実は私は保江先生の物理学書をよく読んでいたのです。私にとって保江先生は、物理学者としてしか知らなかった。それでこの本を見て、ちょっと仰天しました。そこで何とか会いたいと思い、知り合いの大阪市立科学館の斎藤吉彦（現・館長）さんと岡山まで会いにいきました。

炭粉良三さんと保江先生とのスパーリングがあったちょうど一週間後のことです。スパーリングの詳細を聞かせていただきました。一本目はこうで、二本目はこうで…と。合気を切ってやったところ、わき腹に掌底突きを食らって悶絶したとか……。

保江・ああ、あの頃ですか。暑いときで、極真系のフルコンとやって合気が通じたんだと、けっこう気分のよかったときで、おまけにわき腹にまだ痛みが残っていた。僕にとって浜口さんは記念すべきタイミングで来られたわけですね。

浜口・炭粉さんと先生のスパーリングの事実が、たぶん冠光寺流にとってすごく大きな意味があります。あれがあるかないかで、かなり違ったと思います。

保江・ええ。あれはキリスト教の洗礼みたいなもので、本音を言うと、あれを経てないままズーとやってきていたら、いつも頭の隅で本当に強い人が道場に来たとき、どうなるんだろうと……。弟子の前で土下座して謝るとか……そんな心配が脳裏を離れなかったと思う。

それが、炭粉さんは僕の顔をつぶすことはしたくないと考えて、弟子に見られる心配のない日を選んで来てくれたので、ボコボコにされてもいいかと思い、スパーリングを承知したわけです。その結果うまくいった。いままで消すに消せなかった一点の曇りがとれた。ちょうどそんな僕のベストコンディションのときに浜口さんが来られたわけです。道場は外は三五度でも中は四十度を超えるようなボロ道場でしたがね。

浜口・そう、暑い頃で、保江先生は道着を二着持ってこられ、途中で着替えておられた。

私の経験した岡本正剛先生の技と保江先生の技は、似ているところもあるけれど、違ってもいる。たとえば保江先生の「合気上げ」の説明ですが、「愛せよ」とか「僕《しもべ》になれ」とか。「我の殻を取れ」というのもありました。私は「愛だ、僕だ、できちゃった」というふうにはとれない人間で、疑い深いのです。「どういうメカニズムなのか」「これは客観性があるのか」とか、「誰でもできるのか」「この場の空気だけでできているのでは」とか、素直にはとれなかった。それでけっこう悩んだのですが、わからない。

とくに合気に関しては「合気をかける」という言い方をする。「かける」とは相手になにか働きかけることですね。ところが保江先生がおっしゃるこ
とには「自分の内面を変えるんだ」「内面の変化なんだ」と。ということは相手に対して、外界に対して働きかけるという要素がない。そこが私の当時の最大の疑問、ネックだったわけです。内面を変えることで、何故外にいる相手に作用が伝わるのか。

保江・物理学者として当然の疑問ですね。

浜口・ところが皆さんは、半瞑想状態（笑）とでもいう状態で合気上げをされている。そこが私の苦しいところでした。

保江・確かに当時、浜口さんだけは、「うーん、うーん」と言って苦しんでおられた。稽古のときも、後でビールを飲むときも。（笑）

浜口・なにかもっと、大きなコツとかポイントがあるに違いない。内面が変わっただけでできるとは当時思っていなかったわけです。それがブレイクスルーというか突破口となったのは、その年の暮れ、稽古の後先生の車で岡山駅まで送ってもらう途中、外は暗かったのですが、先生に質問をしました。「合気は内面の変化、とおっしゃいますが、それは昔から、女子大生を相手にしていろいろできたときからそういうやり方だったのですか」すると保江先生は「あの頃はねえ、魂を重ねる、というのをやっていたのです」というお答えでした。魂を重ねるなど、はじめて聞いたことなのですぐにはわからなかった。

保江・よけいわかりにくくなるような……。

浜口・ただ、「内面の変化」よりは「魂を重ねる」は働きかけることで、自分が一人で念じているわけじゃない。それが一つの突破口になりました。自分から何かをしにいっている、働きかけているのだから。これが一つ目の突破口です。二〇〇八年十二月のことです。

次の突破口は二〇〇九年の春でした。野山道場で稽古中に保江先生が「浜口さん、浜口さん。ちょっと首締めをかけてごらん。実戦的なアイキはこうやるのですよ」とおっしゃった。わからないので首を絞めにいったのです。そしたら目をカーッと見開かれた。なにかわからないが、自分はすごい反応を示して後ろへ飛んでいった。「すみません、もう一回お願いします」と言ってよく見ていたら、先生の目がピュッと変化する。それがすごい衝撃となって伝わってくる。そういう経験をさせていただきました。

それが型の中にないやり方だったので、しかも実戦的とおっしゃっているし、しかもすごく反応した。それが二つ目の突破口でした。

しかしまだよくわからない。その一週間後、岡山駅の近くの「アザレ」という店のカウンター席で一杯やりながら説明を聞いていました。そのとき「やり方を教える」とおっしゃった。

保江・あのとき、他に誰かいましたか？ 「教える」と僕が言ったということは、他にいなかったはずですね。

浜口・いなかったと思います。カウンターで少し角度を変え、向き合う。そして互いに目で相手の目を見る。その直後、保江先生の目線が私の頭の上の方向に切り替わる。それをやられた瞬間、私は椅子から転げ落ちかけたのです。「あ、これか！」という感覚を教えていただいたことを鮮明に覚えています。あれは先生、他の方に教えていますか？

保江・教えていないはずです。いま思い出したんだもの。（笑）

浜口・なーんだ。

保江・あのとき僕はちょっとはまっていたんだけど、もう浜口さんに伝えたからもういいや、ということでいまは使わなくなって、忘れていました。

オーラ

保江・少しだけ前に戻って話すと、浜口さんが入門して下さったころは、「僕《しもべ》になる」とか「我の殻を取る」とか、そういう表現でやっていました。それは自分の身の回りに起きたこととかがヒントになっていて、「こう言えばみんなわかってくれるのではないか」とか「こういうふうにしたら、たぶんみんなできるようになってくれるのでは」と、その頃は僕自身よくわかっていなかったから、これをいったいなんと言って説明したらいいのか模索中で、しょっちゅう説明が変わっていたのです。

福山から来ていたやはりフルコン空手の中川誠司さんなんかは、「前と違うことを言うておられる。どれが本当なのですか」と毎回おっしゃっていたけれど、どれも本当なんです。そもそも自分が合気ができるようになったとき分析してみても、わからなかった。朝起きたとき「できる」となぜか確信を持ち、試したところ、できた。しかし一〇〇パーセントできるわけではなく、十回やって途中の二、三回できても、それを再現しようとしてもできない。そんなことがあり、どうやれば再現できるのか自分でいろいろやってみた。

どれもうまくいかないのだけれど、だんだんうまくいく確率が高くなってきた。しかし本質はなにか、というのが自分でもわかっていなかった。その頃、うちの女子大の学生だけを相手に稽古していました。その中に、大学に入りたての十八歳くらいの女の子に、オーラが見えるという子がいたのです。

いつものように私がみんなの前で合気をやって見せていたとき、その日初めて稽古に参加して端にいたその子が、「きゃ、こわい」といって隣の子に抱きついたことがあり、僕はびっくりしました。空手の廻し蹴りで相手の足が折れるのを見たのならこわいけど、この場合なんてことない。そこで僕が聞いたわけです、「なんでこわいの」と。すると隣の抱きつかれた子が、教えてくれました。抱きついた子は本当にこわがっていて、震えていて答えられなかったからね。「この子ちょっと変わっているのです。実はオーラが見えるのです、この子は」と言うわけです。

「オーラが見える見えないはいいけど、なんで僕がこわいの？」と聞いた。するとその子がやっと落ち着いて、ぼそぼそと言い始めた。

高校三年生の頃、オーラが見えるようになり、それ以来、外にはあまり出歩かないようになった。出歩くと、我々のように人の身体の部分だけが見えるのではなく、周囲のオーラ、もやもやしたものもいっしょに見えるから、こわくて出歩けない、と。

僕がこれから合気をかけるよ、といって見せたら、ぼくの後頭部から紫色のオーラが、もやもや広がっていって相手をしていてくれる人のオーラ（このオーラは丸くて白い。僕のものも初めは丸いが、色は紫だそうです）の中に、モニョモニョモニョと侵食していき、それがあまりにもおどろおどろしかった。オーラが別の人のオーラに侵入していくのを初めて見て、こわかったというわけです。相手が倒されたり投げられたりするのがこわかったわけではなかった。

僕にとって、やっとできるようになったこの合気というのは、そういう人から見ればそういう現象なのか、と感慨深いものがあり、それではそのオーラとはなんなんだろうね、とその子に聞いたら、「私はオーラと呼んでいますが、俗にいう魂というようなものじゃないでしょうか」と言う。それ以来僕は、僕の魂が相手の魂に「侵略していく」、という表現は悪いから、「包み込んでいく」という表現をしています。そうすると相手の身体が僕の思いどおりになる、そういうものが合気だと言い始めたわけです。

浜口・それが「魂を重ねる」という意味ですね。

保江・そう、そういうことです。オーラが見えるという女子大生がいて初めて気づかせてもらった。その後、僕は彼女の存在を好都合だと思うようになりました。この子に見てもらっていれば、合気が効かないとき、どうしたんだろうなと問うと、その子が「先生だめですよ。オーラが引っ込んでいますよ」と教えてくれる。「あ、そうか。じゃ、見てて」と言っていろいろ試すと「あ、出かけた出かけた。それでいいんですよ」と言ってくれるのですが、相手は崩れない。どうしてなのかと聞くと、「それはそうですよ、先生。まだ相手の首のあたりまでしか行っていないよ」と言う。「では見てて」と言って見ていてもらうと「いま、腰のあたりまで行ったから、腰のあたりなら崩せますよ」と言うから、ちょっとやったら、腰のあたりでグーと曲がる。「じゃ、そのまま見てて、膝のあたりに行ったら教えて」と言ったら、「あ、いま膝まで行きました」と言うから、技をかけたら今度は膝が折れて倒れる。

というわけで、僕には見えないけれども、そのオーラが見えるという学生のおかげで、それから二年間、その子に「おまえは稽古するな、僕のそばで見ていて、実況中継してくれ」と頼みました。「いまオーラが出ている出ていない」「オーラが出ていたなら、いまどこまで出ているか」「相手のオーラはどうなっている」など、事細かに表現してもらった。だから僕が自在に合気を操れるようになったのは、彼女のおかげなのです。ただし、この事実を僕はそれ以後人に言わなくなったし、本にも書かなくなった。そしてその後私はその子を破門にしてしまった。

なぜ破門にしたのかというと、もともとオーラが見える子だから、僕ができることぐらいはその子はすぐにできるわけです。オーラの操作とか魂の操作など。そしたら、自分でやりだした。それはいいことで、若いからうまくやっていけば僕の後継者になってくれるかなと、その頃は喜んでいました。

ところがオーラは僕らにはもとより使えないし、見えないから、使ったといっても合気で崩したりする程度。ところがその子は何かの拍子に、高校生のときから身体の周囲にあるオーラが見えるようになって、そのうち、人間の身体を伴わないオーラ、つまり霊魂のみも見えてきた。そういう人がやっぱりいて、見える人には見えるようです。身体を伴っていない霊魂もそのあたりにウジョウジョいるし、直接彼女の視界に入っていなくても、たとえば、「あ、いま岡山駅から吉備線の電車に乗ってこちらにやってくる人物がいるんですが、ちょっとその人は危険人物です」とか言い出し始める。

そして一時間もすれば確かに初めての人が道場に来るのですが、確かに危なそうな感じでした。やっぱり見えてるんだこの女子大生は、とみんなでうなりました。まだそれぐらいならいいのですが、そのうち同級生や下級生たちから「あの先輩はすごい」とか「あの子はそんなものが見えている」と言われれば言われるほど、いままで自分はおかしい人間だと小さくなっていたのが、逆にこの能力のおかげでみんなが頼ってくると、「私はヒロインだ」という感じになってきました。僕も頼っているし、実際重宝していたわけです。みんなもその子がすごいと思うようになったし。

浜口・教祖になったわけですか。

保江・そう、だんだんそういうふうになっちゃった。僕が悪いのです。そういうふうにみんなの前でしちゃったのですから。一年間その学生の存在は僕にとって合気修得に非常に助かった。そしてもっと極めたいと思ってもいたのですが、一方で僕もいちおう大学の教員です。その子のためにならないと思い、三年生になったとき心を鬼にして何人かと相談しました。

彼女の能力についてにわかに信じてもらえなかったけれど、「きっぱりと足を洗わせたほうがいい」という参考意見ばかりだったので、僕も意を決しました。その能力を使うのをやめろとかいう程度ではだめだと思い、破門にしました。泣きながら本人は友達にも先輩にも訴えて、「なんで私が破門なの」と食い下がってきて「破門なら理由を教えて下さい」とか、言ってきました。僕は本当の理由を言わず、適当な理由をつけて破門を貫きました。本当の理由を言うと、またそれによって天狗になって一人で突っ走られても困るし、ここで挫折させてでもやめさせるしか手がないと考え、結局破門にしました。

本当は黒帯と免状も用意していたのに。それも渡さずじまいです。

浜口・その子の能力をもっと伸ばせばどうなったのか、非常に興味がありますね。

保江・破門にしたときその子は、ちょうど二十歳・成人式の頃。社会人としてそれなりの人生をくぐっていれば別だけれど、二十歳以前からやっていてやっと成人になった頃なので、いまでも僕の決断は間違っていなかったと思っています。浜口先生が言われるように、あのとき破門にせずあのまま続けていたら、またいまとは違ってもっと結果は恐ろしくなっていたのでは……『北斗の拳』の世界になっていたかもしれない。

その後その子はどうなったのか。卒業したのはわかっていますが、同級生や下級生から、特殊能力でどうのこうのといった音沙汰はいっさいないので、僕はよかったかなと思っています。自分でオーラが見える見えないという程度で処理しているだけなら、そう問題はありませんから。

浜口・その特殊能力を表に出せば、教祖様に間違いなくなれますね。

保江・そう。それがちょっとこわくって……それまでは、ちょっとへんな変わりものといった程度だったのですが、まわりが「すごーぃ！」というふうに変わっていったから、あのままいったら本当に教祖様に祀り上げられたでしょう。破門にしたちょうどその頃に、浜口さんが入門してこられた。

浜口・なるほど、だからその頃から「魂」とか「オーラ」を言われなくなった。

保江・そう。それがあったため、そういうことをいっさい言わないことにしました。しかし、いまでもオーラとか魂のほうが本当だと思っています。（笑）

だって僕はその女子大生のおかげで、確実に合気ができるようなり、理論もできたのだから。しかし、そのことを表に出せなくなった。だから「愛」だとか「僕になれ」とか別の言葉で表現したのであり、それを察してほしかった。こんなこと、それ以来今日初めてカミングアウトするのですが。

浜口・なるほど、それをお聞きしていくつも納得することがあります。オーラが見えるということが真実かどうかは別にして、保江先生はそういう訓練過程を経て合気ができるようになった事実は間違いのないことです。

保江・そう。浜口さんにいま説明をしていて、当時のことがよみがえってくるのですが、ホントにマンツーマンのコーチが横についていて、「あ、いまオーラが引っ込んでいるからいまじゃぜんぜんかかりません」というので、やってみたらぜんぜんかからないし、「もう少し出してください」とか、……もう最高のレッスンだったわけです！　スポーツでもコーチが大きな役割を持っています。たとえばテニスの錦織選手にコーチのマイケル・チャンがついているからあんなに伸びたわけですね。

その点、最初の合気の情報量としては佐川幸義先生から直接投げられて教わり、さまざまな教えをいただいて、知識としては増えていったけれども、自分にそれができるという状況ではなかった。大腸がんで死にかけた後、一、二回できることがあって、それを再現しようと必死にもがいていたときに、その子が入学してきて、二年間付きっ切りで訓練した。だからあの子が恩人なわけです。

浜口・もし彼女がいなかったら……。

保江・できていなかったですよ、たぶん。ときたまひょっとできても、みんなに教えるときにできないとかいうことはしょっちゅうでしたから。

でもあのまんま突っ走っていたら、我ながらこわいと思うのは、それこそ『北斗の拳』のラオウのようになっていたかもしれない。僕もコーチのその子も両方すごくなって、気をボンボン飛ばしたりしてとんでもないことになっていたかも。

がんで病床にあったとき、マリア様が僕を救って下さったといまでも信じているのですが、いまにして思えば、あのときの決断を僕にさせたのも、マリア様のご加護かもしれない。「これ以上やっていたら、地獄に落ちるぞ」と止めてくれた気もするのです。

浜口・少し惜しい気もしますが、しかし、こわいですね。

保江・確かに惜しい気もしますが、惜しいよりもこれでよかったと思うほうが強いですね。むしろ封印したことによって、気楽になりました。「ああ、合気とはこれなんだ」と二年間で極めてしまったから、封印してもいいと思いました。物理学でもそうでしょう。ディラックの『量子力学』を読んでわかっちゃったら、量子力学はもういいや、別の分野に行こう、となるでしょう。いちどすごいものを見たり味わったら、そこで封印しても納得し満足してしまう。

じゃあ代わりに、というので「我の殻を取る」とか「僕になる」とか言い出しました。その頃はいちおう物理学者だし、「魂」や「オーラ」などといったものを封印したからには、それ以外で似たような効果を出す、もうちょっとわかりやすいものをやろうとしていたときに、灘高の物理の浜口先生がやってきて、道場の帰りがけに毎回アザレという店のカウンターで聞くから、ちょうどいいや、この先生が納得する程度のことを説明しよう、と思ったわけです。佐川先生もおっしゃっていたことは、「合気でできることは、力と技とでも同じことができなきゃいけない」、だから両方できてやっと一人前だとおっしゃっていた。そこで、力と技でおなじ崩し方ができる道をちょっと探ってみたいなと思っていたところに浜口先生が来られたわけです。

物理の先生だし、体格も同じくらいだから、稽古のときも浜口さんのところに行き、佐川先生のおっしゃっていたことはこれかなと試していたのが本音です。目をジーッと睨んで視線を上げる、あれは目で相手の意識をひゅっと釣る。だからオーラとか魂は封印したけれど、その前の身体、技、精神力あるいは意識の作用、そのあたりをいろいろ試してみようと考えたわけです。その手掛かりは佐川先生が教えて下さったさまざまな言葉、かけられた技、力のかけかたとかの記憶を全部思い出しながらやっていたので、ある意味迷いませんでした。魂のほうはわかっちゃって封印していましたから、あとはこれしかないんだと腹をくくっていたわけです。

浜口・「愛魂」を、先生は「あいき」と読ませるのですが、あれはいつ頃思いつかれたのですか。いい言葉だと思うのですが。

保江・ちょうどあの女子大生の特訓を受けていた頃、破門にしなければと思い始めたころで、浜口さんが入門される一年ぐらい前。僕が合気ができるようになり彼女も僕よりすごくできるようになった頃。当然彼女も自分のすごいところを見せたくなります。僕がやったら相手はそこらあたりでパタンと倒れる程度ですが、彼女は意図的に二、三メートル先に飛ばしたりする。みんなはすごい、と思う。僕には見えないから、「それ違うよ」と僕は注意できないので、コーチに対して黙っているしかなかった。

そのうち、オーラとかは見えないけれど、彼女がやっているのを見てちょっと気づいたことがありました。それは目。目が、普通のときはやさしい美人の魅力的な目なのですが、すごい技をやって見せるときの目がものすごくこわいのです。へーと思ってしまう。いつもの優しい目はどこへ行ったのか。いつもの優しい目の表情を捨てて、あの目つき、表情のこわさにまでしないと、こんな効果は出せないものなのか?! 僕はどんなに努力しても、相手はそのあたりにポテンと柔らかく転がるだけ。いったいなにが違うのか?!

それであるとき、彼女に「僕も君みたいに、二、三メートル飛ばしたいのだけれど、何が違うの?」と聞いたら、彼女は笑いながら「あ、先生にはムリでーす」と答えた。「なんで無理なの?」「だって先生、優しいもん」と。

他の学生も僕が優しいとみんな言っているのですが、彼女が言う「優しさ」というのは、また別のことでした。僕のオーラが相手のオーラに侵入していくところを初めて見たときはびっくりしてこわかった彼女が、それが自分でもでき、使い始めた頃にはかなり理解が進んできたようでした。それでわかったのが、オーラの侵略の仕方に、優しく相手のオーラを抱きかかえるようなやり方と、相手のオーラを吹き飛ばすようなやり方があって、後者のほうが「先生にはムリです」ということだったわけです。

「私は両方できますが、吹き飛ばすほうが簡単ですからそればかりやっています。先生には大変でしょう?」と言われました。確かに、そう、大変でした、僕がそこまでもっていくのは。しかし大変なんだけれど、僕の頭の中ではなにかを「愛」するその大変さと、共通していたのです。彼女が僕は優しいと言うのに対し、「おれは愛のつもりでやっていたけれど、やっぱりそうなんだね」と言ったら、「そうですよ」と言う。「単に魂を飛ばすのじゃなくて、愛で魂を飛ばすのだ」と言ったら、「そうです、そうです」と言う。それで「愛」と「魂」で「愛魂《あいき》」にしました。

それまでの二年間は「魂」「オーラ」のほうに関心を持っていたわけです。しかしステーキばかり食べていたら、お茶漬けを食べたくなるのと同じで、破門した当時は、「魂」や「オーラ」から離れたくなり、堅実な身体と物理学的な力や働きのほうを使ってやってみたいという現実回帰の気持ちになりました。

しかしいまさら「合気は技術だよ」とは言えないし、両方が大事だよということで「僕になる」とか「自分を小さくする」とか「我の殻を取る」とかいろんなことを延々言い続けました。でもそれは来てくれている人の期待に応えなくっちゃということで言っていただけで、僕自身がやってたことは手首を伸ばしたりとか、骨格構造からいったら腰の横からやると簡単に崩れるのだよとか、さまざまなことを佐川先生の教えを思い出しながら確認していただけです。

浜口・ちょうどその頃、我々が全国から岡山通いを始めたときから、保江先生はそれまで使われていた「オーラ」や「魂」などは使われなくなった。かといって「愛魂」という雰囲気はまだまだ残っていた。その雰囲気プラス身体技法で我々に技を教えて下さっていた、ということですか。

保江・そう。一言で言ったらそういうことです。

浜口・なんと……そりゃ迷うわ。(笑)

保江・そのために、その頃全国から入門した人達それぞれがそれぞれ解釈して突っ走り、混乱させてしまったことは悪いと思っていますが、そういう背景があったのです。

力と技

浜口・我々が稽古中、「先生、合気の技ができないのですけど」と弱音をはいたときに、「愛魂」とか「魂」の説明ではなくて、「そのときはこうすればいいのだよ」という、「愛魂ができないときはこうすればいい」パターンを教えて下さる。そのときはいちおう相手を倒すことはできるのですが、本質では自分はできてないなと思うのです。それがずーっと重なっていく。その点はちょっと惑います。愛魂はわかってないなと、皆さんその気分が続いていくわけです。それはいまでも。

保江・「できないんですけど」と聞きにこられたとき、こうやれば倒れるよと倒す方法は説明するけれど、愛魂についてはなにも言わない。でもみんなは愛魂について知りたがっているわけで、欲求不満というか消化不良というか、そんな状態になっていたのですね。

浜口・だから腑に落ちない皆さんの質問が延々と続く。その気持ちはよくわかります。

保江・でも、僕としては気楽だったわけです。もう人を誤った道に導くこともない、そのきっかけを提供することもないのですから。僕自身もそうだし、また現実回帰になっていたから、「ああ、佐川先生がおっしゃっていたことは、こういうことだったのか」とか興味はそっちに向いていました。だから「この技は効かないのですが」と聞かれれば、ああ佐川先生に教わったこれでいくといいんだとかで、僕にとっては楽しかった。

その頃浜口さんなどが来られ、物理の先生だからいろいろ試させていただいた。あの頃毎週皆さんが全国から岡山の道場に来てくれて稽古が楽しかった。その都度新発見、大発見があったのです。新幹線の最終まで飲みながら「佐川先生のあの教えと同じになるのだ」とかで僕にとってとてもよい勉強になりました。

そしてだんだんに固まっていったのは、佐川先生の「合気でできる技は、力と技術ででもできなきゃいけないんだ」という考えです。でも僕は筋トレなんか嫌いだし、力があるほうじゃないし、できるだけ手を抜いて楽に相手を倒す方法をいろいろ見つけたいと思っていました。いろいろやっているうちに、だんだん「なにをやってるんだろう」と思うようになった。つまりオーラ云々は封印しているからそっちのほうは考えない。でも武術というか格闘技は、いったいなにをやっているのか。レスリングはじめあらゆる格闘技がありますが、だいたい一対一の格闘に限定すると、なんで相手はあんなに倒れないのかということを、物理学の中で考え始めました。GIジョーという人形があるでしょう。あれ、いまもあるかなと思っておもちゃ屋へ行ったらいろんなフィギュアがあり、いくつか買ってきました。そして立たせると簡単に倒れる。しかし二体を互いにがっぷり組ませて立たせると倒れない。

つまり四つ足が安定していて、二本足だと不安定なことだけなんじゃないか。つまり相手と組むから互いに必死になって力を出しあってもどうにもならない。これ、離れていたら、指でちょっと触

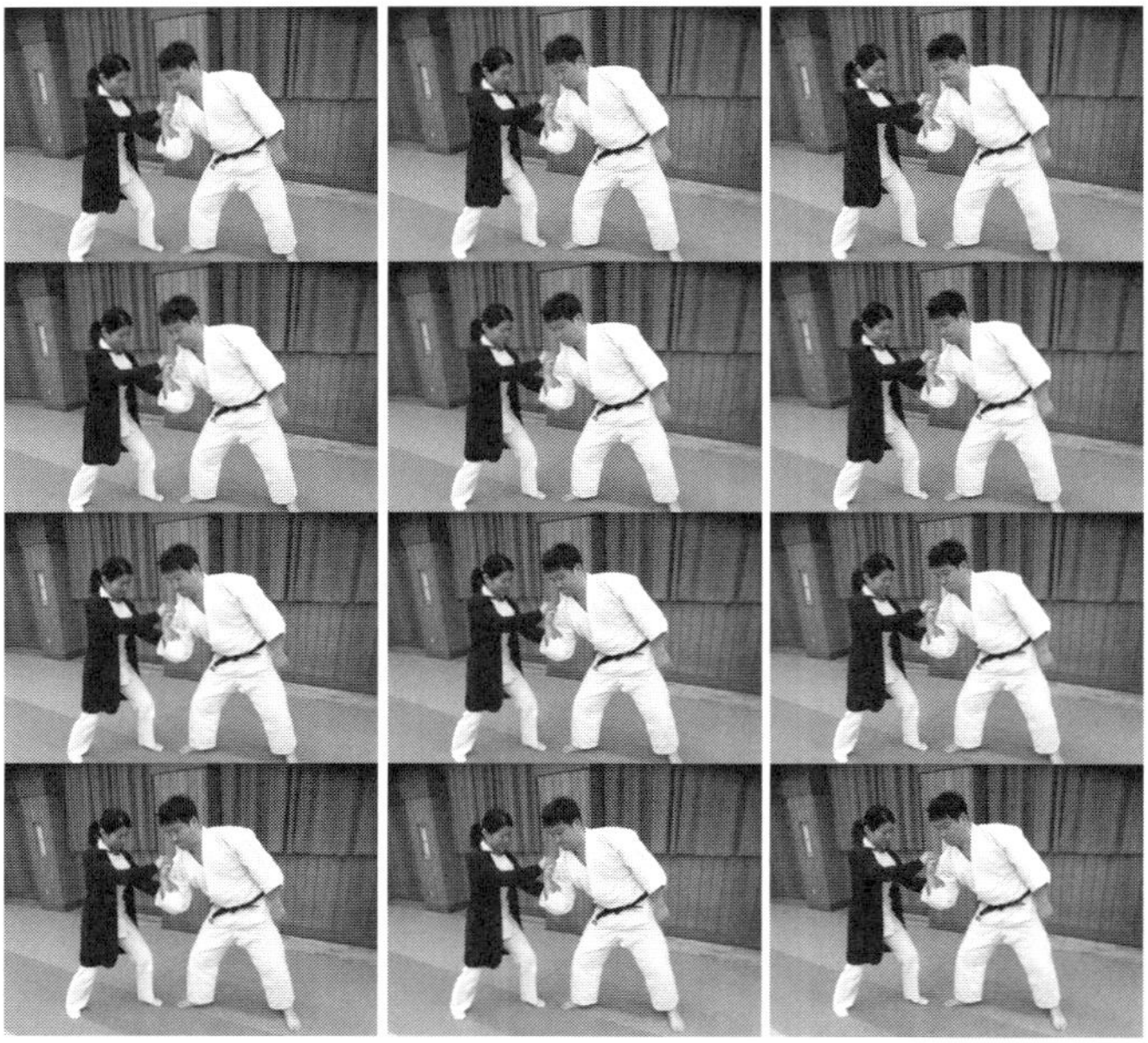

写真1

れるだけで簡単に倒れる。そして、人間は二本足。そのとき、なんで合気には座り技はあるが寝技がないのだろう（横になった寝そべった特殊なものは、あるにはあるが）と気づきました。合気は互いに立って組み合った相手を崩すのが究極の奥義だというのであれば、相手をとりあえず二本足にしてしまえば、簡単に倒れるはずです。ところが現実には組み合えばそうはならない。四つ足になって膠着状態になるからです。じゃあ、これどうすればいいのだろうと、考え始めたのです。そうしてわかったのが、二足直立は極度に不安定だということ。それはわかったのだけれど、どうやれば相手を二本足で立った状態に追い込めるのかが難

写真２

しい。相手に触った瞬間、こっちの身体も連動しているから二本足ではなく、四本足になる。だから組み合うことによって相手を丈夫にさせているんだということに気づきました。

浜口・はい。同感、同意見です。

保江・ところが触んないことにはどうすることもできない。これはすごいジレンマです。いまさら封印しちゃった超能力のあの子にすがるわけにもいかないし。純粋力学的、物理学的にこのジレンマを解く方法があるんだろうかと考えていたときに、ふと思い出したこと、それは合気道でも少林寺拳法でもある技で「小手返し」。これは相手が必死に頑張ったらぜったいに効かない（写真１）。

先輩相手にこの技で力を込めて頑張っているとき、佐川先生が笑いながら手を叩いて「一度やめろ」と言われた。僕みたいな弱いものが頑張っても仕方がないので、稽古をやめろといわれたと思って、引き下がったところ、「なにやってんだ！　ばかもん！」と注意されてしまいました。

「一度やめろ」の意味は、グーと力の限り振り絞って相手を引きずり込もうとしているのを、一度手を離し、そして再びすぐにやるということだったのです。そのようにしたら、相手がドーンと倒れた！「えー!!」と、僕も倒れたほうもびっくり（写真2）。

それまでは、僕なりの力でグーと攻めていったから、相手もそれに対抗するためにグーと力を入れていて、力と力がぶつかり合い、互いに抵抗しているという感覚がありました。

はじめは力を入れて頑張っていたのをいったん手を離し、再び技をかけにいったそのときは、相手は僕の抵抗感が感じられなく、いつの間にか転がされていた、と言います。

なんで感じてくれなかったのだろうと不思議でした。また、僕も感じなかったのも不思議です。

浜口・それが合気だと思います。

保江・そうなんです。僕はそのときそうとは気づいていなかったんだけれども、人形でいろいろやっているうちに、それを思い出して、「あ、佐川先生がおっしゃっていたこと……一度手を離せ、そしてポンとやった、あの力、あの相手に対する作用、これこそが合気なんじゃないのか」、力と技術でできる合気はこれに尽きるのではないかとひらめいた！

五十過ぎのオッサンが夜、机の上で人形相手に気づいたこと——昔、効かなくなった瞬間、いったん手を離せ、という教えを佐川先生からいただいていたという事実。ところが当時道場にいた人達は誰かが佐川先生から注意されたことを、みんなが注視していて、みんな真似するのです。しかし、みんなできないのです。

そのときは理解できなかったけれど、武術経験があればあるほど、いちどつかんでいた手を離すことができない。ちょっと離してみようと思っても、離したりすれば相手に乗じられるため愚かなことだという感覚が身についているので、離そうとしても離せられない。身体がそれを許さないのです。僕はまだ素人でたいしたことなかったから、言われたとおりパッと離してからすぐに技をかけにいくことができた。経験者と素人の僕との差が重要だったのです。

ところが触っているままで力を抜いたって、できない。これはなんだと考えました、いちおう僕も物理学者ですから。灘高の生徒さんなら、なにをいまさら言うか、となる。いまも高校の物理でやっているでしょうが、外力《がいりょく》と内力《なりりょく》。ところが一般の人はそれを知らない。力と力だけ。

でも、物理学者は高校のときから力には外力と内力があることを叩き込まれています。内力とは、構造体の中で互いに力を及ぼし合っていて、同じ大きさで向きが反対。結局拮抗しているので、仕事をしない。意味のある作用を残さない、とね。

ところが外力は、外から及ぼしてくる力であって、例えば外力によって物は倒れる。内力では絶対倒れない。二人がつかみ合った場合、それは一体化していて力を入れていても内力だから釣りあっていて力を強めてもただただ疲れるだけです。佐川先生は「その手をいったん離せ」と指導して下さった。離して再びやると、その力は外力として相手に作用を及ぼす。だから相手は力が伝わってきたとすらわからず、システム全体として重心が移動させられてパタンと倒れる。

だから合気とは、相手に対していかにたくみに外力としてこっちの力を作用させるか、ということなんだとわかりました。

浜口・そうです。倒すということはそういうことですからね。

保江・はい。でもそれは人形でやっと気づけたことです。もちろん昔佐川先生がそういうことを教えて下さっていたことがきっかけですが、そのときは気づかなかったのです。貴重な教えをいただいておりながら、なんで手を離したら効くのだろうと思うだけ。

物理学者以外の一般の人に、外力、内力と言ってもわからないのですが、今日はせっかく熱血物理教師の浜口先生との対談なので、全面的に出してしまえと思っています。

透明な力

保江・佐川道場の先輩が書いた有名な本『透明な力』（講談社）があり、これで一躍佐川幸義先生の名が知れわたりました。このタイトルは、あるとき佐川先生が「あなた達は何故合気ができないのか。あなた達が使っている力は普通の力。私が使っている力は、いわば透明な力。相手にちゃんと作用できる力なんだ。あなた達の力はまったく相手に作用していない力なんだ」と言われたことから出ています。相手に作用していない力を冗談で「不透明な力」と言う人もいますが、でもそのときに気づかなきゃいけなかったんですよ。相手に作用している力と、相手に作用していない力があるということを。つまりあなた達の力は内力で、私のは外力だ、と。だから「透明な力は外力だった」というのをキーワード、標語にしたいですね。

浜口・「透明な力は外力だった」というのは見事に的を射ていると思います。ちなみに私も保江先生のところに通い始めた頃にその本を読みました。まったくわからなかったです。保江先生の教え方はオーラなどの雰囲気を残した身体技法。我々はそれを習って、内面技法だよと言われるので、ああ「僕《しもべ》」かとか思うのですが、なかなかできない。ヒントになるかと思って、『透明な力』を私も読みました。ここには内面技法じゃなくて「合気をかける」という表現があり、そこから相手に対して行うなにか具体的な技術であるということがわかります。しかしその中身については誰もがわからない……らしい。ヒントとして「皮膚の下の筋肉の動き」という表現が書いてありますが、わからない。しかし、佐川先生もおっしゃっているように考え続けることが大事で、続けているとわかるようになるとのことでした。二〇〇九年にアザレの席で保江先生から目の動きというヒントをいただきました。それで私は合気らしきことが初めてできるようになったんです。相手の後頭部上方を意識し、見ることで、なにか操作できるということがわかってきました。

二〇一〇年になって、私と炭粉良三さん、畑村洋数さんの三人で保江先生にお願いして、神戸で自主稽古会を開く許可をいただきました。私は「目合気」を頼りに稽古をやっていました。すると炭粉さんだったと思うのですが、気づくんですよ。「浜口さんが目合気をやっているとき、こうなっている」と言うんです。「え、なに?」というと「目が止まっている、ピシャッと。完全に停止していると。こっちも言われてみると、そうなんです。「空中の一点を見てしまっているから動かない、目線が。そのことによって相手がどうも狂わされるみたいなことがわかってきました。その目合気を頼りに、二〇一〇年はこつこつやりました。

そのうち『透明な力』に書いてあることで重要なことに気づきます。「透明な力は合気ではない」と書いてある。合気と透明な力は違うと。まず合気をかけて相手を無力化し、その後透明な力で倒す、と書いてあったのです。え? 二回やるのか? 最初が合気で次が透明な力ということは、二段階の操作だということですね。それが明瞭に書いてある。

最初になにかをやり、次に別なことをやるということを意識すると、けっこういろんなことができてくる。それを私は一次動作、二次動作と呼んでいます。一次動作のコツは、前触れなく動くこと。前触れなく動くためには、例えば相手に持たれているとき、「せーの、よいしょ」と動くとだめで、なにか居眠りをしていて「ピクッ」と無意識に動くような感じの、予期できない動きが一次動作には必要になります。一次動作の目的は相手を倒すことではありません。つかまれていればその手をピクッと動かす。そして次に二次動作。そういうふうにやればうまくいく。

それがわかってきたのです。一次動作としては、技に応じていろいろな動き方があります。例えば、つかまれるにしても合気上げや胸捕りや一ヶ条などでは接触の手の形がそれぞれ違う。その異なる手の形に応じて一次動作の仕方が微妙に違うのです。それぞれに対する対処の仕方を工夫していってわかったことは、一次動作したとき、方向性がないということです。このことは保江先生に昔聞いたことがあって、「相手の拳をつかむときには包むように囲め」と。つまり普通につかむのではなく、柔らかく包むとか挟むとか。こういった一次動作をする。この段階では方向性がないため相手は反応できない。つまりいまからなにが来るかわからない。接触はされたけれども、次にどうするかわからず観察する状態になってしまって、次の動作に移れない。

その状態において二次動作をするのですが、面白いのは、一次動作した後相手が二次動作に反応できる状態になるのに0・3秒かかる。この二次動作のタイミングが早すぎても、また待ちすぎてもダメ。うちの道場の建川直規さんは、それをバイオリズムと呼んでいるんですけれども、相手が弱くなる瞬間があって、その瞬間にこちらが動くと、相手は抵抗できず崩されてしまう、という原理を発見しました。

その感触というのは、一次動作は普通は強すぎたらダメですが、弱ければよいというわけでもなく弱すぎてもダメで、相手が気づく必要がある。だから閾値ギリギリのところでなにか刺激を与えないといけない。喩え話で言えば、夜、ベッドで寝ている。うつらうつら寝かかっているときに、窓ガラスがガシャーンと音を出した。すると、飛び起きてすぐ見に行く。ところが寝かかっているときにかすかに、コンコンと風がそよぐ音がしたとき、いきなり起き上がって見には行かない。何かかすかな音がしたという意識だけがそっちへ行く。しかし身体までは動いていない。その状態がたぶん、二次動作をかけるタイミング。その状態を作るには閾値ギリギリぐらいの刺激をピッと与えてやる必要があります。すると相手がその弱い状態になってしまう。

その状態になったところで次の動作を、適切な方向に、適切な速さで行うと、倒れちゃう。そういう原理を私は定式化し、それに基づいてそれぞれの型を分析していって、例えば一次動作は正面打ちにはこういう型がいい、小手返しにはこういう型がいい、二次動作にはこうすればいいという一とおりのパターンを作っています。体系化・定式化したものを作って教えているのです。

これを合気と呼んでいいものかどうかわからないので、私は「浜口メソッド」と呼んでいます。

保江先生が制定された「冠光寺流柔術初伝之手」は、だいたい浜口メソッドでできる。その際、魂とか愛とか、内面で何を意識してもいいです。しかしそれを意識しなくても正しい動作ができればたいてい技がかけられる。そういうことがわかってきたのがいまの私の状態です。これを合気と呼ぶかどうかですが、保江先生の定義では「愛魂」を合気と呼んでおられますか？　さっきの一度手を離すというものは？

保江・それは合気でできることを、というこ一つのやり方。

浜口・一回手を離す、ということ。これは私のメソッドからすれば、それは当然そうなので、最初の技を一次動作としたとき、一瞬間《ま》を置くというのが実はポイントです。適切な間を置けばいい。

保江・もちろんそれもあるでしょうが、一度手を離せということは、昔佐川先生がおっしゃっていたことだけで、結局外力に尽きるのですよ。たとえば人形を倒すとき、持ってギューと締め上げてもうまくいかないのですが、ポンと突くだけで簡単に倒れる。内力にいっさいしないで外力を作用させればよいのです。

結局、人間の身体という物体を何らかの力で倒すのであれば、外力を使うのがいちばん効率的なわけ。内力でやるのは相手が疲れ、こっちも疲れる。それはレスリングとか相撲のようなもので、それはスマートでない。できれば外力だけ加えるようにしていけば簡単に倒れる。だから僕は「透明な力」は外力だと考えています。これは真実だと思います。

浜口・はい。物体を動かすには外力を作用させなければならないというのは、まったくそのとおりです。

合気とは

保江・では、合気とはなにかというと、たとえば僕が直接佐川幸義先生からうかがった範囲で、佐川先生が合気ってこういうものだよとおっしゃったことが二度あります。

一度は、いつも通勤で使っている駅の階段のことでした。毎日そこを降りたり昇ったりしていると、意図しなくてもタタタタと昇り降りできる。ところがあるとき、ちょっとした工事かなにかで、いつもの階段の一ケ所で、五ミリ高いか低いかになっていただけで、そこで転ぶんだよ、人間は、と。つまり無意識に身体が動いて普通に立っていたり防御したりしている反応を人間は持っているんだ。それをほんのちょっと崩すと、人間は簡単に倒れるんだよ、と実際お話しになった。それが合気だと。

二度目はいつもやっている動作についてでした。仕事でもなんでもいいのですが、その動作中、後ろからフッと声をかけられ、意識がそっちへ向く。そのとたん、普通にしていた動作ができなくなる。声をかけられただけで。その声に気持ちを向けなければなんてことはない、普通にいつもどおり動作ができている。気持ちがそっちに行ったら、こっちはもうなにもできなくなる。以上の二つのことを言われたことがありました。

昨日、大阪に来るのに品川駅から新幹線に乗って来ました。そのとき品川駅でトイレに行こうとしたのですが、品川駅はいますごく広くなっています。やっとの思いでトイレを探し出したのですが、そのトイレは不思議な構造になっていました。男性のほうに入っていくと五メートルぐらいの円形状の空間に「小」の便器が、外に向かって立っている。面白いな、と思ってけっこう空いていたから適当に用を済ませて振り向いた。その瞬間クラッとなって倒れかけたのです。やばい、と思ったのですが、ちょうど僕は手すりのある身障者用の便器のところだったので、手すりを持ってふんばって止まったんだけど、それでもちょっとフワッとしている。あれっ、なんで、と思ったのですが、そのうちフラフラ感もなくなって落ち着き、まわりを見たら、床のタイルの文様でした、原因は。中心部から放射状にタイルが伸びている。縦横じゃない。放射状に延びていて、かつ、同心円にもなっている。

浜口・蜘蛛の巣状態？

保江・そう、蜘蛛の巣状態。日頃そんな床、見てないでしょう。

浜口・ええ。気持ち悪い。

保江・それで僕がトイレ終わってフッと横を向いたとき、左側の目からそのタイルが見えたとき、どう見えたかというと、中心部が盛り上がって見えた。僕の目の錯覚なんだけれど、僕の脳が混乱して、盛り上がった床に足を着くから、脳はそれなりの動作をさせたつもりだったのです。ところが実際は平らな床。それで遠近感がなくなってしまった。それでクラクラしたわけです。

そのときまっ先に思い出したのが佐川先生の話です。ちょっとした日常との違いで、人間はすぐ倒れるのだよ、という言葉。それを誘発するのが合気だ、と。

当時僕が佐川先生のところに通っていたとき、合気とはこうだよとおっしゃったのは、入門したての門人が納得できる範囲でのことだったのかもしれませんが。

浜口・しかしそれはかなり本質的なことだと思います。それで充分具体的な答えになっていると思います。ただしそれをどう実現していくか、というのがわからないだけです。原理としてはちょっとした違和感を与えるということが合気だというのは正しいと思います。

保江・そう、そのとおりだと思います。現に、僕が初めて佐川先生の合気をくらったときも、床に倒されて目から火花が出てガーンとなる直前までは、この気持ち悪さはなんだ、なんでこんなことになってるの、なんで天井がこんなとこに見えるのとびっくりしていました。天井が見えてその直後に床にベターとなって、それから目から火花がパーンと出る。痛いのはそれから。それより前は正体不明の状態。だから結果として合気とはそうなっているものという理解しかなかったのです。

浜口・ちょっと確認ですが、佐川先生の合気とは保江先生の言う「愛魂」の意味でおっしゃっているのですね。

保江・もちろん。だからさっき浜口さんが言った二段操作は二段とも技術のほうで、佐川先生の合気の最初のほうは「魂」に働きかける。その後は「透明な力」つまり外力で吹っ飛ばすわけです。実際に佐川先生が僕に技をかけて下さったときは、吹っ飛ばさなかった。というのは、他の門人はすごい頑丈な人ばっかりだから、吹っ飛ばして柱にぶつけても平気だけど、僕は見るからに軟弱だから怪我をするとお思いになったのか、僕のときは常にフワーと、そして最後だけは床に頭をパーンと打つのだけど、それもいつも佐川先生の足元に。他の門人達みたいに吹っ飛ばされていない。必ず佐川先生の足元でひしゃげている。何故か……。

するど「保江さん、あんた反応がおかしいんじゃないの」と言う先輩もいたほどで、僕の場合は投げられるというよりは、つぶされるという感じでした。でもいま思うと、僕をそんな状態から透明な力で投げると危険だと思われたのではないでしょうか。だから僕には第一段階の「合気」の段階で止めて、自然に体重で落ちて崩れる段階で佐川先生は止めていて下さった。例の女子大生コーチが、僕がかける合気の技を「愛」というゆるやかな段階で止めていてくれたように。

そこから先の、透明な力、外力でやるときのパーンと飛ばすことは、僕にはそもそもできなかった。あの子も僕にはできないと言っていたから、できなくてよかったのですよ。だから僕の「愛魂」は佐川先生の第一段階。本に書かれている「透明な力」とは違う。でも愛魂がなくっても、ある程度技術が伴えば、「透明な力」を出せば相手を投げることはできる。第一段階を愛魂でなくて別のことですりかえてやれば、充分相手に「透明な力」を及ぼすことができるはず。僕はそれも正しいと思います。

浜口・ありがとうございます。私の場合は、一次動作として内面操作とかイメージ操作はあまり使わず、「正確な動き」というもので一次動作をやっています。たとえば身体を動かすときに、武道では普通は全身を調和させて動くとか、なめらかに動くとかいうのですが、私はまったく逆で、特定の関節だけを動かせ、他は固定してここならここだけ動かしなさいと言い、そのことが実は相手に違和感を与える、ということがわかってきました。

私はここならここだけ動かすことができるのですが、教えていると、たいていの人はできない。訓練しないと他の部分といっしょに動いてしまう。その訓練のための体操も実は完成しています。だから私のやり方は、一次動作は愛とかのイメージじゃなくて、「正しい身体操作」でできるものです。もちろんイメージを使ってもいい。でも、イメージは訓練ができない、難しいですから。だから「正しい身体操作」を練習して、できるようになれば、あとは好みでどんなイメージでやってもかまわない、というような教え方をしています。

保江・でも、その技法というのは、さっきのトイレの床の錯覚と同じで、相手の感覚に対して狂わせる、そのきっかけを作っているだけです。

浜口・そう、そうです。

保江・それってね、確かに正常な人には効きます。ところが世の中には異常な人がたまにいる。あるいは木こりのように掌の皮膚がぶ厚くて、にぶく硬くなっている、あるいは無頓着な人、無神経な人には効かない。僕は相手の脳神経を狂わせるというのがわりと好きだったのだけど、結局そういうのは疲れるというのか……

写真３　嘉納治五郎の銅像

浜口・相手の反応性や感度に依存しちゃうわけですね。

保江・そう、そうなの。そんなのは疲れる。だからといってオーラの世界には封印したから戻れない。じゃ、いったいなにが頼れるのか？　相手の骨格構造は？　それも骨格を見てなきゃいけないし、また骨格のちょっと変わった人にはまたうまくいかないし、というふうにどんどん削っていくと、結局力学しか残らない。

浜口・個人の性格に依存しないものは、物体としての力学しかないですものね。

柔道と合気

保江・いま一度言うと、僕は物理学者です。また浜口さんも物理学者。

精神的反応とか脳の神経の反作用とかをたくみに使えば、みんなが驚くような結果が出ることも多い。けれどもとりあえず、一度初心に戻ったつもりで、全部捨ててしまう。

さっき灘高の正門を入ってくるときに、嘉納治五郎先生の銅像がありました（写真3）。「柔道開祖嘉納治五郎先生　生誕ゆかりの地」とあり、この前、ここのすばらしい柔道場を使わせてもらいましたが、そのとき、嘉納治五郎先生で僕がまっ先に思い出すことがありました。門下生には立派な人がいっぱいいますが、まっ先に思い出すのは、外国人です。イスラエル出身の物理学者、モーシェ・フェルデンクライスという人物で、パリで活躍した方です。当時講道館柔道を広めに講道館からヨーロッパに使節が来たときに、どうも感動したらしい。そしてヨーロッパで最初の黒帯になった。講道館柔道を習ったために、彼は人間の身体というものに対して、物理学的に、いかにしてどうすればどのような結果になるか、ということを研究し始めました。それで、格闘技に走ったかというと、逆です。舞台芸術、バレーとかダンスとか演劇の世界で、自分の身体を観客が見ていかにして「あー」と注目させる動きを作るかとか。

例えばバレーの熊川哲也さん。彼は背が低い。にもかかわらず、ヨーロッパのダンサーを差し置いて、プリンシパルの座を保っていた。実際に観客は彼にひきつけられます。特に舞台でジャンプするときに。立っていると彼はいちばん低いのだけど、ジャンプすると彼がいちばん高いように見える、観客には。ところがビデオに撮って正確に測定すると、そんなことはない、やっぱり背の高い人のほうがよけい高く跳んでいる。じゃなぜ彼がそんな印象を与えるのかというと、その背後にフェルデンクライスが柔道から始めていろいろ研究したフェルデンクライス・メソッドというのがあるようです。『フェルデンクライス身体訓練法』(大和書房)という本がありますが、昔、僕も合気とはなんだろうと求めていた頃、その本を買ってきました。

それでさっきの熊川さんのジャンプについてわかったのは次のようなことです。人間、ジャンプしても、重心の位置の上昇というのはどの人もだいたい脚力と体重で決まっていて、見ててもそんなに跳んだという印象はありません。ところが熊川さんのすごいのは、ジャンプしたときに脚をブワーと上げられる。脚を上げると重心が上に上がる。つまり立ったときの重心はおへそぐらい。でも脚を大きく開くと重心は胸ぐらいに上がる。立っている人の上まで跳んだかのようになるということをフェルデンクライスが書いていて、講道館柔道の技も、相手の重心よりも低いところに自分の重心をもっていって投げを打つとか、初等力学で攻めていっています。

浜口・相手の反応性に頼らない。柔道はそういう特徴があります。

保江・そう。それと同じレベルにこの合気というものも落とし込まないと、いつまでも夢物語でしかない。そこで柔道のフェルデンクライスぐらいにまで合気という世界の枠組みをもってくるには、なにが必要なのか。

柔道と合気の違いはいったいなんだ。単独動作の場合は別なんだけど、どうもフェルデンクライスの技は相手と組んだときは、より重心を低く、つまり両方の連携した動作の中でちゃんとこっちが有利になるようにしている。

浜口・力学的に一個の物体としての動作を考えている。柔道の捨て身技がまさにそう……。

保江・そう。だから捨て身技とかが、まさにそうなのです。じゃあ、一方で合気とはいったいなにをもってすれば力学的に普遍的な解釈となるか、技法の中でなにがポイントになるのか？　さっき言ったように、いったん手を離してやる、それは「透明な力」は外力だ、という理解に基づいています。そうすると柔道とは相手と一体になって、ともに動いて、倒す技法と考えられます。ところが合気とは、むしろ相手と一体にならずに外力のみで、相手をなんとかする技法と考えられるわけです。

浜口・わかりやすい整理ですね。そのための具体的方法は？

保江・だからそれが柔道の世界では、襟や袖などを取って、できるだけ相手と合体して逃がさないようにする。合気はそれとは逆で、つねに相手とは独立の物体として、こっちを維持する。相手にもこっちと合体させないようにする。それが合気だとまずそう考えてみる。そうすると最初離れているときから相手が攻めてきて殴ってくる、突いてくる、手を持ってくる、とさまざまな攻撃の型を想定して稽古をしている。けれども、相手が触ってきた、あるいは相手と接触した瞬間、ぐっと強くつかんできたとなると、もう独立ではなく一体となっているから、内力で応じると結局効かない。そのときに離れればいいんだけれど、離れてまた接触したときに透明な力、つまり外力を及ぼすにはどうすればいいのか。

そこで頼りになるのは、佐川先生が昔教えて下さったもの、それしかヒントはないから、昔付けていたノートとかあるいは『透明な力』を読み返したりします。するとところどころでヒントがあった。

浜口・私が一次動作と呼ぶものでは、接触するのですがつかまないのです。たとえば手刀接触、指先接触、掌接触などと呼んでいる接触の仕方があるのですが、接触した位置は固定されていても、角度とかの自由度は残っている。昔保江先生がおっしゃった関節の自由度がある状態です。そういう状態をパッと作ってしまうことができて、それだと相手は一次動作に対する反応として方向性が見えないので、この後どうなるのか、一瞬わからなくなる。その後で、相手の弱い方向というのがやっぱりあって、そっちには崩れないがこっちには崩れるという正しい方向があるわけです。その正しい方向をよく「見て」(と私は言ってますが)動きなさい、と教えています。正しい方向に、透明な力と言ってもよいしなんと言ってもよいのですが、その力で相手を誘導する。これが私が二次動作と呼んでいるものに他なりません。

さっきおっしゃった一体構造を作らないためには、接触はするがその接点に自由度を残すということが、合気とはなにかの一つの答えかな、と思っています。

保江・そのとおりです。

浜口・接触しているが、その圧を変化させない、触れているだけという状態。それも弱すぎてもダメで、ある程度の圧があって相手がそこを気にしている。だけど次の方向性が見えないという状態を一瞬で作ってしまう。接触点は一点だから距離がゼロになっているので、次にどの方向に動いてくるのか、相手はわからない。そこで次の動作で、相手の中に入ってしまう。境界を越えてしまう。バリアを越えて入ってしまう。それを二次動作、いわゆる透明な力、入ってしまう力、という捉え方を私はしています。

保江・大きく外れてはいませんね、いちおう。ただ、それって面倒です。技術がいるし、合気の感覚がわからなくなると、そういう技術につい頼ってしまう。そうでなくて、強引にこっちからドドドドと力でいっていい技術にしたいわけです。つまり、フェルデンクライス流の柔道のような。

浜口・はい、面倒です。習得までに時間がかかる。

骨と骨

保江・そこで、『透明な力』にもチラッと書いてあるし、佐川先生のお言葉にもあるのは、相手に対して、透明な力である外力を加えやすくするということです。しかもその外力を絶対に内力にしない。軽く触れても内力になる、練習しないと。そこでポイントは、触れる場所になります。どこでも触っていいわけではない。骨を触らないといけない。人間の身体で骨が露出しているところ、つまり肉で覆えないところは顎、頭蓋骨、肘、膝、腰骨など何ケ所かあります。そこから外力を及ぼすということしか、柔道のように誰でもができるように合気を体系化するには手がないのです。しかもそのときこっちが掌とか腕とか、肉を当てたらダメ。骨には骨を当てないといけない。頭突きでもいいし。

佐川先生がいちばん使われたのは肘の外側の骨です。ここがいちばんいい。骨と骨。これはエビやカニなどの甲殻類には効きません。なぜなら甲殻類は骨の中に筋肉が入っているからです。ところが我々哺乳類は、骨の外に筋肉がある。ということは我々の動作というのはいくら鍛えている人でも、建設現場のクレーンと同じで、鉄でできたアーム（骨）の外にケーブル（筋肉）があって、そのケーブルに引っ張られて動くわけです。ロボットもそう。みんな骨の外に筋肉がある。だから外についている筋肉やケーブルをいくら引っ張ろうが、骨やアームのところに相手の力が作用したとき、筋肉で対抗できなくなります。だから一石三鳥なのです、骨を骨で攻めるのは。

そしてそれに気づいたとき、あることを思い出した。

吉丸慶雪さんは佐川先生のいちばん古いお弟子さんで、佐川先生も頼っていらっしゃった。その人が、あるとき堀部正史さんに出会った。大東流合気ってどんなものだと言うので、じゃあやってみましょうと言ってやったところ、堀部さんのほうが勝っていた。そこで佐川先生のところに堀部さんを連れていき、この人はすごい、この人とやってみたら強かった。だからぜひこの人に黒帯をあげて、さらに彼が一派をなして道場を開くのを許可してやってくれ、と願い出たそうです。そのとき佐川先生は許可されたそうです。初めて来て、普通は許可しないでしょう。ひょっとするとこの堀部さんは佐川先生のように合気がわかっているのかもしれない。現に彼はプロレスラーとやりあったりとか、いろいろけっこうやっているわけです。

ただしそれを合気とかそういう言葉で表現しないで、骨法《こっぽう》と呼んでいます。佐川先生の技で、彼もそれと違うものでない可能性もあるのに、自分で流派を起こしてやるときになんで骨法としたか。これに僕が気づいたときに、「あ、堀部という人物はわかっていたのか……佐川先生がどこを攻めていたか、それが実は骨だった。だからそのことをなんとなく知らしめるために、わざわざ〈骨の法〉、としたのか」、と。とすると、堀部さんはかなり天才的な人物だったことになります。他のどの門人も佐川先生がどこを攻めていたかわからなかったのに……実際、そこを攻められたら誰もわからない。だって、そこは神経はないし、いくら抵抗しようともアームを攻めてこられているから周囲の筋肉とかロープをモーターでいくら引っ張ってもどうにもならない。

浜口・クレーンのアーム自体が動かされてしまっているから。

保江・そうそう。さらに、我ながら面白かったのは、例の「オーラ、魂」を封印したときで、道場でやることがないし、でもみんながちょっと驚くことをやってみせなければならないし……当時はまだ浜口さんなど一般の県外の男性などが入門していない頃で、なにをやったかというと、どうやったら外力を相手に及ぼすことができるかということをいろいろやってみせていました。拳が入る直径十センチぐらい、長さは腕まで入るぐらいの塩化ビニールパイプを買ってきたりしました。

浜口・ギプスみたいですね。

保江・そう、ギプス。あの頃いた渡辺君という若い男性門人が「合気養成ギプス」と呼んでいました。そのパイプには蓋があるので、それをかぶせると入れた腕は完璧に皮膚感覚がなくなり、相手との接触感覚がなくなるわけです。それを両手にはめて相手と組み合うと、相手は吹き飛んでいく。それで楽しく稽古をしていました。そのことを堀部さんの本を読んだとき思い出しました。骨法を知る前に、外力を突き詰めた結果、たまたま塩化ビニールのパイプでそんなことをやっていたのです。そのとき、骨法のようなものに気づかなきゃいけなかったのですが、単に「あ、すごいな」と思っていただけでした。しかし汗をかくとパイプの中の腕がびしょびしょになるのです。当時女子大生が多かったから不人気で、すぐやめました。

この方法では甲殻類のようになって、簡単に骨と接触できる。これでいちばん効いたのは、頭です。パイプで頭を挟む。すると相手はまったく抵抗できない。

柔道は相手と合体して内力で相手のバランスを崩して倒す。合気は相手と合体しないで、かつ接触して外力のみを及ぼして相手を投げ飛ばす。

浜口・一体化しない。接点はあるけれど、合体はしない。

保江・そう。その接点はなにかというと、骨と骨。これであれば少々練習していなくても、あるいは繊細な感覚がなくても、骨の場所は限られているから簡単にできてしまう。実は佐川先生がどうしても相手を倒せなかったら、こうやれと教えてくれた技はこれです。これを僕は直伝で習ったとき、痛いから倒れていると思いました。痛いよ、これ。骨↓骨↓骨…だから。痛くって相手が抵抗できないから、ゆっくりでもいい。ただただ痛いのです。だから痛みで倒れていると多くの人は思っているようです。僕もそうだった。

そうか、佐川先生は僕みたいに体力も技もない人が大きい人とやって、どうしても倒せなかったときのために、かわいそうだから直伝で最後に教えてくれたものが、痛みで倒すんだというものだと思っていました。そのときにホントは気づくべきだったのです、骨と骨という技術に。

浜口・相手を一定の圧力で挟んで、ぐりぐりせず、そのまま移動するわけですね。

保江・いやいや、ぐりぐりしてもいい。なにをしてもいい。とにかく骨と骨で作用させる力というのは外力になる、それだけ。一定の力でなくてもいい。とにかく骨と骨の接触において働く力は外力。それが、万人のための合気の原理です。

これだけをやっておくぶんには、人生を失敗することもないし、原理を知っておいて損はない。いざというときに役立つわけです。

佐川先生に習ったときは本当に痛かった。割れるように痛かった。その痛みで倒されたのだと誤解しました。それが外力だという発想がなかったのです。

固める

浜口・それに関連して次の話になるのですが、私の場合は一次動作で接触し、間を置いて二次動作に入るのですが、みなさん力んではいけないという思い込みから、なにかやわらかく崩そうする。これでは止められてしまうんですよ。二次動作をするためには自分の手を固めないといけない。硬いものを食い込ませるということをしないといけない。これはいまの骨の話とたぶん結びついていて、道具として硬いものを使うわけです。これで相手の硬いところに働きかける。そのときに保江先生は、骨と骨が触ればいい、後は何をしてもいいと、シンプル。私はもう少しこだわっていてて、こんなときにどう動くか、考えています。それは加速度無限大でその直後等速運動。グラフに描くと、速度はいま0で、一瞬である速度まで加速されるのだけれど、そのあとは秒速一センチ。こういう「急激な立ち上がりの等速運動」をされると、え？　なに？　と相手は感じる。

保江・でもそれって面倒くさい。

浜口・ええ、面倒くさい。これはこれで技術がいります。

保江・それよりも、固めるのは意味がある。なぜかというと固めると相手と合体しない。だから自分の身体になって、外力を出せる。唯一骨を使わずに外力を出せるのは固める方法です。たとえば一ヶ条で相手が打ち込んできたときに、佐川先生は当たった瞬間にフンとやっただけでその力が相手にずばっといって、相手が跳ばされる。誰も佐川先生の腕を触ったことがないのですが、もしそのとき先生の腕を触れることができていたら、たぶん固まっていたはずです。

平井渉さんという浜口さんもご存知の門人ですが、彼は空手をやっていたからどうしても力む」と言います。「いや、いいんだよ。とことん力んでやっていなさい。その彼は、「空手をやっていたのですが最初はできなかった。「とことん力む」のは難しいのですが、ついに思いっきり力んだらできた。それは、塩化ビニールパイプでやっていたときのことで、この硬い塩化ビニールパイプでやられたときと、僕が「こうやんなきゃいけないんだよ」といって思いっきり力んでやってみせたときとの接触感が同じだったこと、それが彼をいちばん納得させたわけです。彼は合気柔術でなく、合気剛術と呼ぼうと言って盛り上がったことがありました。

だから鋼鉄の甲羅、鎧のようなもの、塩ビパイプのようなものにこちらの腕がなっていれば簡単に相手に外力として、透明な力を及ぼせるのです。

浜口・そのとき勢いのようなものは関係ないのですか?

保江・関係ない。硬いものになっていたら、透明な力を出せるのです。だから浜口さんの言う、加速度無限大でその直後等速など、考えたらアカン（笑）、というのが僕の考えです。

浜口・もう少し精密にやりたいなあ、というのが私の……。

保江・いやいや、ロケットの打ち上げなら精密でもいいが、こんなことに頭を使わなくてもいいんじゃないかな、というのが封印してからの僕の思想なのです。

浜口・うちの神戸道場の仲間や弟子達は、保江先生の技を受けた感想として、なにか乱暴というか激しい、と言っています。

保江・そうなんです。オーラや魂を封印してからは、合気というものを、ひたすら物理学の単純力学の中で再現するための最も楽なやり方に徹しているから、固めて外力だけでポーンとやってしまう。そういうことを日頃やっていると、必要なところの筋肉だけがついてくる。それで、更衣室で着替えていると、意外に僕に筋肉があるとみんな驚くわけです。僕はもっと軟弱で筋肉はないと思っていたら、そうでもない、と。

指立て伏せをやらせたら、僕のほうができたりする。トレーニングしているわけではないのだけれども、骨と骨でグーッと力んでいると必要なところに効率よく筋肉がつくみたいです。それをやらずに筋肉でもって鍛えていても、無駄なところに筋肉がつく気がします、たぶん。

浜口・そうです。固めるべきところが固まる感じだないと、ダメですね。二〇〇八年頃、岡山で、壁でやっていた腕立て伏せ、あれはいったいなんだったのか。岡山でやっていたのは単なる壁を使った腕立て伏せだったと思うのですが、私が最近やっているのは指を使うやり方で、指や手首を固める練習になります。壁腕立て伏せをきちんとやるのはすごくいいトレーニングになりますね。最近は岡山ではしておられないのですか？

保江・いっさいしていません。指立て伏せはやれとは言ってあるのですが、壁腕立て伏せは、要するに肩の筋肉は使わないで、腕とかを固める稽古ができる。普通の腕立て伏せの場合は、胸筋を鍛えることになるのですが、それをやると逆に餌食になる、相手にやられるわけです。自動的に肩の筋肉が固まっていると、そこを利用されてやられてしまいます。そこを抜いてやるには、壁腕立て伏せがよいのですが、これは体重があまりかからないから、それほど鍛えられない。

そこで指立て伏せをお臍のところでやるのがいちばんだと気づいたのです。肩の力が抜けるし、腕は固まるし、指も固まるのでいちばんいい。いまもそれはやらせています。

浜口・あー、それで十分ですね。指だけで接触した場合、壁でもけっこう負荷がかかりますからね。これで指をバシッと張る感じとか、相手と接触するとき固めて接触する感じとか、そういう感じを覚えることができます。これがないとみなさんは、フニャッとやわらかく接触してしまう。

保江・そうそうそう、それが大東流の朝顔の手です。これが基本ですから。

固有振動

浜口・壁腕立て伏せのもう一つまったく別の意味合いとしては、人体の固有振動数を知るということではないでしょうか。ワッと押してもダメで、このリズム・振動数でないと人間は揺れないよ、ということを知る意味もあると思います。倒れるリズムを知ること、周期を知ること、あの壁腕立て伏せはけっこう意味があります。

保江・それはなんで気づいたのですか？　倒れる固有振動を。

浜口・うん？　それは物によって倒れる振動数はそれぞれ……。

保江・それは、物理学者の意見としては当然だけれど、それがなにかきっかけがあって、技に応用されたのですか？

浜口・いや、この壁腕立て伏せを人に説明するときに、これは指を鍛えていると同時に、人の倒れるリズムを覚えることに意味があるのですよと、自然に言っていました。特にきっかけはありません。

「早くはできないでしょう、決まったリズムで、もどりますから」と、まさに物理なんですけど。

保江・まさにそのとおり。昔、道場でポロッと言ったことがあるのですが、佐川幸義先生もそれにお気づきになっていたという逸話です。

稽古しているとき、当然佐川先生以外だれも効かないから、僕ら門人同士でやっているときは、先輩に対しては顔を立てて倒れるけれども、逆にこちらが技をかけるときは相手は絶対倒れるもんかという人ばっかりでした。そういうときこっちは苦労しているでしょ？　さっきは効いたのになあ、この先輩には効かないなあ、でっかいからかなあ、さっきの先輩は優しいので倒れてくれたのかなあ、など戸惑っていると、佐川先生が教えて下さった。「相手誰彼かまわず、いっつも同じように技をかけていたら、できるわけないだろう！」と。それでもわからなくて、だからバカセと言われていました。「君はね、物理の博士らしいけど、なんにもわかっていない、バカセだ！」と。（笑）「いや、そのとおりです」（笑）

それで、結局教えて下さったのは――これ、出していいのかな。まあいいか、もう。どうせさほど長く生きないし――合気をかけた後で透明な力を及ぼすときに、自分よりも体格のいい人間とやるときは、ゆっくりやらなきゃいけない。自分よりも体格の小さい人間にやるときは、すばやくやんなきゃいけない。これまさに浜口さんがいった固有振動ですね。

浜口・ええ、慣性モーメント。

保江・ウルトラマンなんかはなんで中に人間が入っているように見えて興ざめなのかといったら、普通にパタンと倒れているからダメなのです。あれが、ゆっくりゆっくり倒れてくれればリアルなのに……その点『シンゴジラ』はよかったよね。あれはリアルだった。だから映画関係者も学んでいるわけです、物理学を。それと同じででかい人の固有振動はゆっくりなんだから、技をかけるときもゆっくりかける。

浜口・やはりおっしゃっていたんですね。

保江・はい。ちっちゃい人は固有振動が早いから、それに合わせて早くやんなきゃいけない。

浜口・はー、物理だ。

保江・佐川先生は東京物理学校（後の東京理科大学）出だから。高慢な言い方かもしれないけど、物理学をきちんと勉強していない人に、合気は語れないと思う。

浜口・それは私も納得です。『透明な力』の中に「合気をやるにはまず頭だ」と書いてありますし。

保江・頭といっても、哲学の頭でも社会学の頭でも、関係ないでしょう。このときに必要な頭は、物体としての身体、あるいは封印した魂やオーラでもよいから、必死になって物理学で探求できる頭です。

合気実戦

浜口・そういう物理学も含めた原理原則をちゃんとわかって練習しなさい、わからずにむやみに練習しても絶対にダメ。私もそれはそう思います。

保江・それから、佐川先生の教えで僕が印象に残ったものがあります。技をかけているとき、効かないけれども、たまには効くことがある。右、左と両方やるのですが、人間得意なほうがある。左でやるとうまくいくのに、右だとできない。するとできないほうばかり稽古するわけです。そうしたら佐川先生に怒られました。「やめたまえ！　できない側をいくら稽古しても、それはできないということが頭に刷り込まれるだけだ！」「じゃ、先生どうすればいいのですか」と言うと「できる側だけやれ！　できない側はできないのだから、ほっとけ」と教えて下さる。「でもそれじゃ、いざというときに……」「ばかもん！　できる側だけやっていたら、できるようになるんだ、いつの間にかに。できない側をしつこくやるから、できない状態が続くだけだ」とね。

浜口・それは『透明な力』にも書いてありました。このことは二〇〇八年、二〇〇九年頃保江先生もよくおっしゃっていて、「できないのなら、次へ」と言われていました。あれは武道をやっている人には謎だと思います。できないから努力するんでしょう？

保江・はっは、普通はね。

浜口・はい、普通は。その努力は無駄なんですか？

保江・無駄だというのが佐川先生の教えです。

浜口・うーん、無駄なんですね。できないことをいくらやってもできない。これはけっこうおもしろい論理です。失敗する練習をしているのか、というわけですから。

保江・そう、そのとおり。で、できるできないとは別に、一つの技を延々稽古していたら、また先生に怒られる。そのとき言われていたのは、「一つの技は三本までだ！」。「繰り返しによって身に付けた技は、合気にならない。繰り返しは絶対にやるな」ということ。身体が動くようになるまで普通の武術とかスポーツは繰り返しやるでしょう？　いわゆる身体が覚えるまで。それが合気にはならないと言われたのです。じゃ、いったいどうすればいいの、となる。

浜口・結局、頭を使え、ということでしょうか？

保江・そう、頭を使えということ。

浜口・そのロジックを理解しろというわけですね。

保江・そのとおりです。ただし以上はあくまで道場稽古についてのご指導だった。それと実戦とはまったく違う。佐川先生がたえずおっしゃっていたのです。この道場稽古でいけると思ったら大間違いだ、と。じゃどうすればいいのでしょうかとお聞きしました。そうしたら、道場で必死に頭を使って、日頃、佐川先生のお言葉に忠実に稽古して、いざそれを使って本当にやらなきゃいけないときには、なにも考えるな、と教えて下さった。「ああだった、こうだった、こうしなくちゃ」ではない。先生は身体に覚えさせてもいけないとおっしゃっているのだから、身体も覚えていないのに、どうすりゃいいんですか、という顔をしていると「ばかもん！（笑）まだわからないのか」と笑われてしまいました。わからないとよけいわからないとしかいえなかったのです、その当時の僕は。

その当時愛の魂と言っていたり、炭粉良三さんが挑戦にきて相手をしたり、というときがまさにそうだった。考えて対処できる状態ではなかったのです。炭粉さんとの数回の対戦のうちで一度だけ考えて対処したら、ボコボコにされたのですから。

日頃の稽古で得ていたことは捨てて、ボコボコにされてもいいからと、すべてを捨てきったら、何故か知らないけれど違うのです。いまだに鮮明に憶えているのだけれど、彼も憶えているらしい。夏の暑いとき汗だくで仕方なく柔道着に着替えました。彼は長年使った擦れた黒帯をパシッといわせて、「押忍!!」と。もう勘弁してよ……というのが僕の本意でした。

こっちは構えも知らないしわかんないので、構えもしないで突っ立っていました。そしたらどうもバカにしていると思ったらしく、俺とやるからには挨拶ぐらいはちゃんとしろという顔に見えました。だから一本目から思い知らせてやろうと、本気になっていたらしい。そしたら知らず知らずのうちに歩き始めた、僕が。テケテケテケと歩き始めたのです。すると炭粉さんは僕が少し前にいたところに、回し蹴りを放ってくる。あれ、僕はここにいるのに……だから普通ならその回し蹴りの足は、いまいるところに追随してくるはず。それが追随してこなかった。足が少し前で止まっている。そしてむこうはキョトンとしている。顔の表情を見る余裕もあったのです。仕方ないからとりあえずこの足を触ってみようと思って、触って別の手で上がっている足をフンと突いたら、彼の髪の毛から汗がバババババと周囲に飛び散ってワーきれいだな、と思った。なにが起きているのかわからないから、ワーこんなにきれいに汗が飛ぶんだなと思っていたら炭粉さんが腰を軸にしてバタンとぶっ倒れていた。だから、いったいなにが起こったのかわからなかった。

そしたらむこうがあわてて、「エーイ、もう一本!」と言う。僕としてはもう一本もくそもなかったのですが、まあしゃーないわ、と二本目も受けて立ちました。こんどはむこうは本気を出した感じで、右の足で蹴ってきたのですが、このときもこっちの身体が先に動きました。このときは、僕の左脇を見ながら蹴ってきました。そしたらまた、いま僕がいるところでなく、さっきいたところを蹴っている。今度は中段の蹴りで。この人フルコン空手の猛者だと言ってるけど、ひょっとして弱い人じゃないのと思いました。このままじゃ彼怪我するよ、他のところに挑戦に行ったとき。それをちょっと知らせてあげなきゃいけない、と思い、ここまで中段の足がきているのを、ここで止まっているから、いいやと思って指二本で止めた、というより当てたのです。そうしたら、目の色が変わって、驚きの色に変わって、エーッという表情になった。でも、僕は止めていない。単に止まっているところにさわっただけ。でもむこうは驚いている。止まっていた膝に手を当ててポンと突いたら、またバーンと倒れただけだったのです。

後で飲みながら彼が言っていたのは「私の回し蹴りでバットをへし折ることができる。腕で止めても、腕が折れる。まして指二本なら折れるどころかちぎったかもしれない。だから驚いたんだ」というこわい話でした。なんで平然と俺の蹴りを指二本で止めるんだ、というわけです。

こんな対戦を五回やって、そのたびにおなじ現象になってバーンと倒れてしまう。だんだんむこうは疲れてきたみたいでした。結局この人は弱いんだ、この人に合気を使う必要はないなと僕は思ってしまいました。ちなみにこのときの対戦では、例のオーラの封印を解いて使いました。でないと僕もこわかったのです。

この程度の人なら、もう合気はいらないやと思ってやめたのです。で、六本目。「どうぞ」といった瞬間、なに!!　これ……あっというまに倒された。

あらかじめ「今回は合気使わないから、寸止めして下さいね」と言ってあった。それで蹴りのときは寸止めしてくれました。そして最後、突きのとき彼は止めるつもりだったんだけれど、勢いが止まらなかったそうです。そしてボコーンとやられて、「イヤー、あんたこんなに素早い突きや蹴りが出せるのに、どうしていままで出さなかったの」、と聞いたら「いやいや、いままでのは疲れていなかったから、最大限の力とスピードでやっていました。いまはもう疲れてきていたから、なまっちょろい。それでもあんたはこんな程度でやられるんだから、合気を使わないときのあんたは弱いんだよ」(笑)と言われて「そう、俺弱いんだよ」と答えました。

最後に七本目。こっちはやはりオーラを使ってやりました。すると相手の動きがわかるのです。彼も今度はフェイントをかけてきて、つまり回し蹴りをわざと空振りして、直後に後ろ蹴りで攻撃してきたのです。それがわかりました。あはは、こんなことしてくるんだ、と。そこで後ろ蹴りの足をちょっと持ってポーンとやると、顔面からズボーンとぶっ倒れた。やっぱり女子大生の特訓で手に入れたオーラの技法はすごいんだ、そしてこれを使わなかったら俺は本当に弱いんだ、と実感しました。

六本目のときは、オーラを使わないので、よけいにしっかりやろうとしました。どうせこいつ弱いんだからと、見下していたからなんでもやろうと思っていたのですが、あっという間にやられてしまった。

話を元に戻すと、道場稽古ではさまざまな理屈を言って、さまざまな練習はできるけれど、結局、命をかけるとまではいわないけれど、実際にやるときに、日頃あまり鍛錬や稽古をしてない人が、すごい稽古をしている人相手になんとかなるのは、やっぱり「愛魂」しかないのです。何故なら佐川道場で稽古していたことを全部しっかり出して戦うつもりでいたのですが、あっという間にやられてしまった。佐川先生がおっしゃっていたように、道場稽古で得たものは実戦では使えないのです。実際に使えるのはこれ、「愛魂」なんだということがわかりました。これを使ったときなにも考えてないし、やられてもいいと思っていて、ただ身体がスタスタと相手のほうに動いて、ふと見たら、相手の足が宙に止まっているから軽く止めただけ。

ただし、現象として「愛魂」の実力を見た、体験したのです。愛魂は封印していたから、このとき以外は使っていません。僕としては封印していた「愛魂」の技法はすごいものだと、炭粉さん相手に再確認できたわけです。命がかかっていた今回は使ったけれども、やはりこの後、やめることにしました。以後、力学的な現実に回帰してやっていたのです。

けれども、本当に命をかけるとき、我々普通の人間は、殺人鬼と言っては失礼だけれど、そういう人達にはかなわないのです。けれどもいつの日か〈炭粉さんと対戦したときの技・現象〉を理解したい。いったい〈あれ〉はどういう現象だったのかと。物理現象と言えるのか言えないのか。あるいは言えなくてもいいが、どこまでが物理学でどういうところがそうではないのか。〈あれ〉は本当はなんだったのだろう。だって現実に〈あれ〉が起きていたし、炭粉さん自身も彼の側からそれを見ていたのです。欲を言えば、〈あれ〉を理解したい。

あんな技を普及したり、みんなが使えるようにしたいということはもう思わなかった。でも自分なりに〈あれ〉を物理学者として、理解したい、納得したい。そんな思いがずーっとありました。その傍らで、道場にはみんなが来るから、と言ったらみんな怒るでしょうが、合気の本質からは外れたようなことをやってきて、その後本も出したけれども、さしさわりのない範囲でしか書きませんでした。だから、外力だとか、それもウソではないし、また二段階でやるとか、腕を硬直させるとか、さまざまな技法で似たようなことができても、あのフルコン空手の炭粉さんを相手に無事骨を折られずに相手を制するには、結局封印したあれしかないのであれば、そのからくりをどうしても知りたい、という願望が残り続けたのです。それを僕はずーっと理解できなく、また理解する手がかりもない。だから自分としてはジレンマ。本当は〈あれ〉を理解したら、もう死んでもいいとさえ思っていました。ただ、自分も納得できる説明がどうしても見つけられない。

物理学者として、そういうのはいやでしょう？

浜口・いやですね。死ぬまでにはなんとかしたい。

保江・そう、死ぬまでには。

コツコツ努力？

浜口・今日オーラとか魂といったお話を聞いて当時の状況が初めてわかったのですが、あの頃は保江先生のおっしゃっていることがなかなか理解できませんでした。雰囲気的には「愛している」のだけれど、動作としては具体的に「こうだよ、こうこう」と教わっていましたから。じゃあ、優しい気持ちになって普通に技をするのかと、あの頃皆さんはそう考えていました。

保江先生に、神戸道場に年二回来ていただいて感謝しているのですが、そのときに、毎回教えていただくことが違うわけです。いま私はその意味がわかったのですが……。

保江・でもたぶん、あれもできる、これもできるとどんどん教えてあげたほうが、みんなうれしいだろうと思ってやっていたんだけれど、どうもいまのご指摘からすると、違うんだね。なんでなんだろう。

浜口・やっぱり、繰り返し練習していくことで身につくことが、たぶん大事だと皆さん思っているから……。

保江・そこが違うんだな。

浜口・そうなんです。禅宗でいえば頓悟か漸悟か、つまり、一瞬で悟るか徐々に修行していって悟るかの違いですね。一般の人にとって武術、武道といえば、徐々に修行していって悟るもの、わかるものだと思っていて、一瞬で悟ってそれで終わり、というのはやはり一般の人にとってはなかなか難しい。保江先生のやり方は、「今日はこれでいこう、これは楽しい」というもので、教わるほうは、それまでのものは忘れてしまって次にいかなきゃいけないのですが、それをみんなは「今日のはなんだったんだろう」と考えてしまう。これをどう反復練習していいのか理解できないし、赤面するようなものもあって、人前では練習できないし。

保江・そうか、むしろ混乱させていただけか。どれも本当なんだけれど。

浜口・ええ、今では私は整理がついていて、大きく分けると、そのようないろんなやり方というのは眞法合気に属するもの、これは冠光寺眞法とほぼ同じものだと思います。

保江・そう、同じものです。

浜口・これは、形とか動きとかを考えてはいけない。僕は無力なんだ、もうだめだ、なんとでもしてー、の気持ちになって初めてできることですね。

保江・そうです。

浜口・ところが習いに来ている人達は、なにか合気という技術が身につくだろうと思って来ているわけです。

保江・それは僕もわかるけれども……。

浜口・いやいや、いいんですよ。そういうものだと理解してしまえば何の文句もありません。技術ではなく愛魂のほうこそが冠光寺流の本流である。それこそが冠光寺流なのだと。

その意味で、私が神戸道場でやっていることを「あれは冠光寺流じゃない」と言う人もいるし、それはそうだろうと思います。

去年の秋（二〇一六年）、保江先生を神戸にお呼びしたとき。焼き鳥屋さんで幹部が何人か集まったとき、「皆さんの解釈でやりやすいようにやって、広めて下さい」とおっしゃったので、ああこれでOKだと思って続いています。

正直に言うと、この愛魂のほうは、私は苦手です。

今年五月に先生が神戸道場に来られたとき、稽古をしていただきました。そのときは前半が柔術で、後半は愛魂というふうに明確に分離して教えて下さった。柔術は柔術でやっていい。柔術は身体操作。一方で愛魂というものもある、と明確におっしゃっていただいたので、こちらも練習がしやすい。今日は愛魂をやります、今日は身体操作をやります、というふうにはっきりできますから。

けれども実際問題、愛魂のほうは難しく、私などはそうしょっちゅうできるわけではありません。やっぱり身体操作のほうに偏りますね。

保江・そうですね。それに、相手さえ丈夫で怪我もしない人であれば、身体操作のほうがおもしろい。いまだに僕は身体操作のほうがおもしろいと思っています。

浜口・身体操作のほうは、さっき一次動作と二次動作と言ったのですが、それから数年してわかってきた大事なことは、二段階であることではなく、その間の時間、間《ま》にこそ本質があるということです。停止期間と私が呼んでいるものです。なにか起こして、止まって次にいく、この間というものによって無力化するとかいろんな言い方があるのですが、その間に本質がある気がします。その間をどう作るかのために一次動作があると思います。一次動作をスタートとして間を取る。だから停止期間が本質であるということを意識しながら、やっています。

間というものは、また、人によって違います。道場でAさんとBさんがやっていて、私がそれを見ている。Cさんも見ている。AさんがBさんに技をかけるが、かからない。そういうときに「あ、いまのは間がちょっと長すぎましたね」と言うんです。すると不思議なことに皆さんそれがわかる。Cさんも私と同じように「いまのは長すぎる」とか「いまのは一次動作が止まっていない」とか言えるんです。共通の技術の認識ができてくるわけです。

保江・そういうの、なんて言ったっけ……「ドグマ」、宗教でいえば。あるいは「共通認識」。

浜口・そう、共通認識。だからできるのは私だけじゃないんです。皆さんができるようになります。沖縄空手をやっている松村哲明さんとか合気道を続けている複数の皆さんとか、私のやり方と同じことが、みんなできるようになってきています。これは身体操作の一つのメリットではないでしょうか。愛魂みたいに無敵の特殊なものではないけれど、できないことができていく。練習すればより精密なものができていく。だから神戸道場はいま練習生はけっこう多くて、続いているのだと思います。

保江・それはそれで、極めてよいことです。僕も若ければそうしたと思いますので。ただ同じドグマの中で、枠組みの中では、コツコツやっていく場合、まじめな人と、しつこくやれる人、が伸びていきます。僕みたいにいいかげんで、すぐに飽きる人間は、そういうシステムの中では常に落ちこぼれていく。目立つ立場にはなれない。だから、そういうコツコツ、まじめなものは、肌で嫌うのが僕自身。これは僕のダメなところですね。勉強でも中学・高校・大学・大学院・それ以降、ともかくそういうことができなかった。

天文学科に行って、コツコツやんなきゃいけないということが、耐えられなかった。なんでこんなつまんないことを、みんな同じ立ち位置でやるの？　一人ぐらい突拍子のないことを考えたっていいじゃんと思うわけです。でもそれは受け入れられない。天文学会の中の分科会とかに学生の頃からみんな行くけど、なんか違和感が僕にはあった。その中で、将来性があるよという人物は、いかにも日本的だけど、睡眠時間を削ってコツコツコツコツ、ドグマを信じてそのとおりきちんとやる。それはどの世界に行っても、学会でも合気道でも常にそうだった。常に僕、落ちこぼれて……そこが浜口さんと違うのよ。浜口さんはコツコツときちんとできた人で……。

浜口・いや……うーんまあいちおう。

保江・いちおうそう。だからそれはそれでいい方法だから、浜口さんはそれをやればいいのです。

ただ僕にはできない。僕に同じことをやれといわれても、勘弁してよ、となってしまいます。

浜口・先生は、既にできてしまっているからであって、もしもっと若い立場で本当に何もできないが合気を学びたいとなったら、コツコツするのも一つの道ではないでしょうか。

保江・そうそう。だからコツコツやっていく枠組みはきちんとしている。つまり、とっかかりもあるし、ステップステップでやっていけるような規範や枠組みもある。そういう意味ではいまの柔道に近いわけです。技も体系化していて、指導要領もきちんとしているから。それはそれでいい。ただ僕が若い頃その道に入ったら落ちこぼれになっていたはずです。

浜口・そこなんですけど、神戸道場は、保江先生をお迎えして稽古を始めるときは、入門の古い順に座って挨拶をしてから始めます。ところが、普段の稽古はそうはしません。「みんな丸くなって」と言って、上下関係なしで「お願いします」と言って始めます。それはもともと自主稽古会だったという伝統があるからなのです。さらには、いちおう私が教えるのですが、それに対しても反論とか異論は発言自由なんです。建川直規さんはあっちこっちの名人や達人のところへ行って、いろんなことを見てきているので、稽古中に私が説明していると、「浜口さんは口ではいまそう言ったけれど、実は浜口さんはこういうふうにしている」と分析してくれます。僕も聞いていて面白い。また空手の松村哲明さんも「それはもし相手が突いてきたときこうやれば同じことができますよね」と、わりと自由に技のおもしろさを楽しむ、そういう場になってきているのです。

で、皆さんおっしゃるのは「これほど自由な道場は他にはない、自由に発言しても何も問題はない」ということです。そういうことで楽しんでもらっています。

保江・だから、それはそれで、非常にいいことで、その中からいろんな発見もあると思いますよ。

さまざまな流派

浜口・空手の松村さんは、剛柔流の中にどう合気を取り入れるかを研究していて、彼が言うのに、「これまでわからなかったんだが、構えて相手が突いてくるとき、その突きの前になんかピッと出てくるのが、あらかじめ見える。拳で相手が殴ろうとするときその道筋が見える」そうです。

保江・いいじゃない、それ。

浜口・いいでしょう？　だからどんな突きも絶対受けられる、と言うのです。

保江・植芝盛平先生と同じことを言ってるわけだし……すごいですね。

浜口・そうなんです。それで、それをみんなにも説明してほしいといったら、打撃研究会という稽古会を立ち上げます、と言ってやってくれていて、これまでで三回目ぐらいになります。

保江・でも、彼自身は拳先からピッとくるのが見えるのをどう説明するのですか？

浜口・見えると言うだけです。

保江・それをみんなに見えるようにしてあげる、という研究会ではないのですか？

浜口・まだそこまではいきません。自分はできるけど……という。

保江・それが見えるようになったきっかけについては、なにか話していますか？

浜口・それはやっぱり、ここでやっている合気の稽古がきっかけです。

保江・合気を稽古しているうちに、だんだんとできるようになったわけですか？

浜口・そうらしいです。それまではできなかったのですから。

保江・それよりも、具体的に見えるようになったきっかけ、例えばこんなことがあったからとかがわかれば、今後につながるのですがね。

浜口・そこは聞いたことがありません。

浜口・松村さんは剛柔流の道場を持っています。最近、彼のところにフルコン空手をやっていた人が来て、型を教えてほしいということになったそうです。それで型の練習をしていて見つけたことに、相手が打ち込んでくるときに「合気がかかる」ということがあるそうです。さっきの一次接触みたいなことをすると、めちゃくちゃ合気がかかるようです。それでそのフルコン空手の人が「え、いまのなんですか!!」とびっくりなさったとか。そんなことで、松村さんは空手家ですから打撃ができるのはもちろん、そのうえ合気も使えるようになったので、かなり凄いことになっています。

■コラム＊＊＊＊＊＊＊＊＊＊＊＊＊＊＊＊＊＊＊＊＊＊＊＊＊＊＊＊＊松村哲明

冠光寺流神戸道場の皆さんに初めて合気の技をかけていただき、合気を練習する中で自分の中の変化や相手の変化に注意を向けて観察するようになりました。空手の練習のときにもその習慣が出るようになりました。そうしてしばらく観察しながら一年くらい練習していると、今までにない何かを感じるようになりました。相手が攻撃する前に何かがこちらにぶつかるのです。

そこで相手が攻撃してくるときにそれを感じたらすぐによける動作をすると、相手の攻撃はまだ届いていないのでよけることができます。

そして、さらに練習を積んでいくと、相手が狙っている間はその部分から目標に向かって線が引かれている感じがするようになりました。その線が引かれているときに相手の前に立つとすぐに攻撃されてしまいます。今はその何かを感じながら合気とともに空手の自由組手の中で活用する方法を研究中です。■

保江・愛魂とかオーラのほうを封印した上で現実回帰していろんなことをやって、ちょうどその頃からさまざまな武術の経験をもった男性の門人が僕の周りに集まってくれるようになり、僕自身とても勉強になりました。

浜口さんは例外で、最初の頃に来た人ほとんどが空手家でした。初期の頃は空手家ばっかりで、合気道とか柔道の人はほとんどいませんでした。それから徐々に増えてきたけれど、いまでも半分以上は空手家で、不思議だなーと、なんで空手家の人がこんなものに興味を持つのかと思っていました。それで、僕は空手のことを知らないから勉強にもなるし、おもしろいのでみなさんと付き合って合気の稽古をしていました。

空手家でいちばん初めに来られたのは、畑村洋数さん。次にUSA大山空手の田村道弘さん。この二人、知り合いかと初めは思っていたのですが、ぜんぜん違って二人ともそれぞれ独立に来られた。この二人がそれ以来熱心に合気を学びに岡山の道場に通ってこられたのです。

それぞれが自分の空手の会派をお持ちで活発に活動されているのに、土曜日にはわざわざ遠くからお見えになる。そんな方々を見ていて、自分は彼らになにかプラスになることをお伝えできているのか、なにを残せるのか、と考えるようになりました。女子大生ぐらいなら、今日一日楽しかったよ、ですむのですが……。

そんな人達が土曜日の午後を割いて岡山まで苦労して来てくれるのに、なにかで報いることできるのかなとだんだん考え始めたわけです。だからいろいろ教えてあげなきゃと思うのですが、封印したものを教えるわけにもいかず、教えたところですぐにできるわけもない。だからさっき浜口さんが僕の指導に一貫性がなく戸惑った、いろんなことを次から次へと紹介するが、その根本がわからず合気ができない、と指摘されました。でも、僕にとってはこの人達が僕のところに稽古に来ることによって、いままで倒せなかった相手を倒せるようにしてさしあげたい、という思いがあったのです。「これ、どうしたらいいんでしょうか」という問いを、僕は「どうしたら倒せるんでしょうか」というふうに理解して、この人に簡単にお弟子さん達を倒せるようにしてさしあげたいと思い、いろいろ教えていたわけです。だから相手によって教えている内容も違います。田村さんにはこうやって教えた。畑村さんにはこう、中川さんにはこう、と。それがそれぞれ一致しないわけです。だから彼らが横で見ていたり、話し合ったりしたら、よけい混乱する。

それぞれの人に、僕ができることは全部教えているつもりなわけです。だからそのうちだんだん差ができてくる。それは上下の差でなく、種別の差、ジャンルの差が出てくるだろう。そう思っていると、本当にそれが出始めました。畑村さんは畑村さんで氣空術、田村さんは田村さんで彼のフルコン空手の中に合気を取り込むなどなど、種別の差なのです。だから全部を見たら、混乱していてなにかよくわからないのですが、種別ごとに見たらきちんとまとまっているのですよ。

この前から愛媛から岡山に稽古に来られている三好昇さんは逮捕術を警察で教えておられ、体格の大きい方で、とても熱心です。僕がいないときに来られてしまうほうが多いので「申し訳ないですね」と言ったら、「いえいえ、いろいろと自分なりに発見があり、役に立っていますので来させてもらっています」とおっしゃる。

こんなふうに種別の違うものをどんどん生み続けるのが、僕の運命かな。

浜口・私は教条的、ドグマ的で、保江先生はそれと逆でほとんどドグマがない？　しかしなにかこれだけは、というのは……。

保江・なにもない。だから、皆さん好きにすればというスタンスを続けてきたわけです。

浜口・それはいさぎよいです。私はいいと思います。

保江・でも「好きにすれば」と言っても、それはちっとも評価されない。やっぱり頼りないのでしょうね。

浜口・なにか習いたいということがあるからだと、思うのですが。私などは最初、「なぜちゃんと教えてくれないの」と思ったのですが……。

保江・あの頃は、教えようがなかったのです。封印しちゃったし、他に教えることもないから、佐川先生から聞いていたことをポロポロ、ポロポロしゃべっていた程度でした。

浜口・その後私も考えを改めて、「自分で方法を作っていくんだ、そのためのヒントをもらいにいく」と考えたとき、なんの不満もなくなりました。

保江・それが正解ですね。結局そういうところなのです。

浜口・冠光寺流はそういう流派？

保江・うん。だって挑戦にきた炭粉良三さんだって、自分でいまや「零式活人術」をやっているし、僕のとこに来て自分達でやっているところが、いまや僕より有名になっていたりするのです。畑村さんの「氣空術」と炭粉さんの「零式活人術」が双璧かと思っていたら、男性の門人でいちばん古い前山泰彦さんが僕が封印していた本当の合気を自在に操るようになってしまいました。それぞれに凄いことをやっているから、それでいいんだと思います。

浜口・私も神戸道場の運営をやらせてもらっていますが、普通なら、上納金があったり（笑）とか、管理が厳しくて毎回報告書を提出しろとかがありますが、先生の冠光寺流はそれが一切ない。

保江・普通の流派はそうだろうけど、それは悪い面もあるけれど、いい面もあるのでは？

浜口・いい面がすごくあります。

保江・横のつながりはあまりないのですが、それはそれでいいと思う。普通は全国大会とか国際大会とかを年に一回開いて……など疲れてしまう。気楽に楽しくやれるのが僕としてはうれしいので、「好きにすれば」というわけ。

浜口・僕はいまそう理解しているので、居心地よく楽しませてもらっています。

保江・ありがとう。

浜口・けど、まだ迷っている人が多いと思う。

保江・迷うのが人間だし（笑）、迷うのも勉強ですよ。

浜口・そうですね。自分で教えるようになれば迷いは抑制される。

保江・だから、みんな自分で道場を作ればいいのです。

浜口・研究会でも、稽古会でも。

保江・そうそう。名前はなんでもいい、人に教えることによって気づきがあるのだから。僕も何人かの人に「そろそろ道場やれば」と言うのですが、「いやー、まだまだ」とその気になってもらえません。どうも日本人のまじめな人というのは教わろうとするだけのようで……。

浜口・それに完璧主義があり、「まだまだ僕なんかは……」と思うのでしょうね。

保江・そう、いい加減な人ほど簡単にできるのに、やっちゃえば後から実力がくっついてくるのに、そうは思わないのです。

だから、柔道という一つの完成した枠組み。それに近いものを合気の面で作ろうといろいろするには、ドグマ、原理というか、枠組みというか、そういうものが必要になります。そういう中で、浜口さんのやり方、コツコツやる方法はわかりやすくみんなに広がっていくという事実があれば、それで堂々とやっていけばいい。また別の枠組みで同じようなことをやる人が出てくればそれはそれでいい。一方、枠組みみたいなものを捨てて、僕みたいにチャランポランで、いいかげんで楽しければいい、というのもそれはそれでいいのではないですか。

何のための武道か

保江・神様は、本当は楽しければいいのです。神様の基準は、「正しい・悪い」、「良い・良くない」じゃない。「楽しいか・もっと楽しいか」のどっちかしかない。だから、僕は楽しいかどうかが一つのポイントと思っています。植芝盛平先生は、初期の頃は大東流の力技でなさっていた。その画像が残っています。けれど、例えば晩年の本部道場での一時間の稽古。寒い冬、先生が来られるのですが、先生は稽古着の下にラクダのももひき、下着をつけてぬくぬくとしておられる。そして杖を持って御神前で三十分以上、祝詞を奏上され、その間弟子達は寒い中じーっと正座していつ稽古始まるんだ……と耐えていました。

やっと先生、三、四十分たって神がかり状態になって「さあ、来い！」。そして弟子達をポンポンポンと投げ飛ばす。あのときの盛平先生の楽しそうなお顔。そりゃ楽しいですよ。だからあそこまで邪気が無い、無邪気、楽しい境地になれば、盛平先生のように合気ができるようになるのです。ある意味そうならなきゃ、合気は難しい。冷静ではできません。

なので、コツコツやる方々も、たまにはとんちんかんな……。

浜口・たまにはやりたいです、もちろん。

保江・で、こういう世界もあるんだと、ときどき示しておく必要があるのです。技術一辺倒だと、こんなことになんの意味があるの、とあるときフッと思うときがきます。若い頃はコツコツとやっていて楽しい、ですむんだけど、でもだんだん死期が近づいてくると、相手を倒してなんの意味があるのと考えるようになるわけです。倒すということを探求すること自体は、それなりのおもしろさや意味があるのだけれど、そんなことをする必要性があったのだろうか。他の人間を倒す、崩すなど必要性はないのじゃないか。なのに何故そういうことに一生懸命なのか。こうきたときに、こうやる、とコツコツやる技法にいったいなんの意味があるのかと、ふと疑問に思うタイミングがいずれ訪れます。僕も何回かあります、実は。

浜口・それは、合気を練習する人の目的はなにかということと、かかわりますね。つまり合気を練習してなにをしたいのか、と考えたとき、「それは人を倒すためです」という人もいると思います。

でも私ももう六十なのですが、強くなりたいとか、格闘して勝ちたいとかは関係ない、興味はない。むしろ合気という不思議な技を自分で身につけて研究していって解明したいという興味が中心になっています。だから倒すことが目的ではないので、私には、人を倒してなにになるの、という疑問はありません。十年前、五里霧中でなにもわかってなかったのですが、いま自分である程度わかるようになってきた。このことが楽しいだけなのです。

やっぱり強くなりたいとか、人を倒したいとか、そのために合気という技法に興味あるという人はいます。確かにそういう人は、なんのためにこれをやっているのか、疑問に思うことになると思います。その昔、大山倍達が、「いちばん怖いもの、いちばん強敵はなにか……それは老いである」と言ったそうです。死期が近づいて考えることは、まさにそういうことですね。そのときどうするのか。

私の場合、合気という不思議技があって、それをどうしたら実現できるのだろうという、最初その理屈に興味があったわけです。保江先生に習い始めたころは『唯心論武道』『唯心論物理学』（中込照明著、海鳴社）を知り、なるほど「モナド理論」かと思いました。そこにはたぶん合気の原理を知って、それを生かして自分も使えるようになりたい、という動機がありました。

ある程度自分ができるようになった後では、その原理はなにかということはあまり追求しても仕方がないという気がします。こんな感覚で自分はできる。それはなになのか、現代物理学で解明されていない未知の領域があるのだろうか、とかじゃなくて、自分がやっていることは相手に刺激を与えることであって、刺激を与えることによって相手の反応を誘うことである。その刺激というのは通常の五感でわかることであって、第六感はいらない。こちらの内面を調整することで雰囲気が変わるから、それを相手は目で見て感知する。その結果相手に刺激が伝わる、という意味で内面の変化は意味があると思います。その程度の理解で充分なんです。だからいっさい五感を通さずに、私の心の状態が相手に影響を与える、と保江先生はおっしゃっていたけれど、それについては私はけっこう疑問に思っています。それを説明するには、別の物理の説明が必要だし……。

保江・そうですね。それはまた後で説明するけれど……でもそういうことではなくて、自分の疑問を解消するとか、興味の対象の在り方とか、そういうところに、人を倒す、ということがなぜ入るのか。たとえばフィギュアをもってきてそれを倒すとか、それにいろんな組手をさせて倒すとかを考えないで、なんで人間相手にそれを求めるのか、求めてきたんだろうか、と僕自身何回か疑問に思ったわけです。人間を倒すのに興味があったんだろうか、それになんの意味があるんだろうかと、ふと思う。

みんなもこの疑問をいつか持つだろうと、僕は思っています。さまざまな考えがあるだろうけれど、本当はなにをやっているんだ、俺は。ほかにやることはいくらでもある。ボランティアをはじめ、世の中のためになることはいくらでもある。にもかかわらず、空いている時間のかなりの部分を割いて人を倒すことに専念している。

例えば僕個人であれば、愛魂やオーラなどで、合気はとことんわかったと自分でも得心してわざと封印し、それでもなお、似たようなことを他の方法でできることはないのかと、ずーっと追求し続けてきたわけです。でもときどきなんでそんなことをしているんだろう、なんでそのへんの猫を捕まえてやるとか、犬を捕まえて、あるいはクマを捕まえてやるとかいう発想はしないのか。人間をこうすればこうなるとか、なんで人間にこだわるのだろうと思う。他の人はそう思わないのか、思ったことはないのか。

世の武術家というのは若い間だけで、年いったらできないのはあたりまえだと思っている、特に今の人は。年いったらコーチとか監督とか若い人の指導に自分の人生をかける。自分がもっと楽して人を倒そうとか思わなくなる。ただし、若い者にはガンバレと言う。自分の代わりに若い者を使って人を倒そうとする。

いったい何故、この僕はいままで神戸道場の皆さんが混乱するぐらい、とっかえひっかえ毎回違うことを言ってまで、こうやったら倒せるよ、ああやって倒せば、と言い続けていたのか。楽しいからやってるんだけど、ふと、僕の人生はなんのために、なんの目的でやるんだろうと疑問が大きく大きく出てくるわけです。

合気が愛魂、オーラでもって究極のところがわかったのであれば、それを置いておいて別の世界に行けばいいのに、ピアノでもなんでも。でもそうはしない。

浜口・それは何故なんでしょうか。

保江・それは僕自身が知りたい。だから同じ疑問を持つ人がいたら、是非それを共有したいのです。

浜口・多くの人は疑問に思わないのでしょう、たぶん。神戸道場に習いに来る人で七十代、八十代の人がけっこういます。小西節子さんは八十八歳の実業家ですが、一番熱心に通ってくるし、また技ができる。彼女の技は浜口流とは違って、一次動作・二次動作というものがありません。動くだけ、というすごいものです。

保江・楽しいのだけど、なんで自分がこれが楽しいと思うんだろうというところに、なにも疑問を持たずに、みんなやってる。私が広めたものに対して、そこまで言うのも無責任だけど、なんかこの奥にあるものを知りたい。だからいまの僕の興味はこの僕をもってして何故これを続けさせたか、あるいは他の人達も続けているが何故なのか。冷静に、第三者的に考えると、人を倒してなんぼになる?!

浜口・使いみちないですよ。

保江・そう、使いみちないし、そもそも自分が倒れればいいと思わずに、俺は立っていて相手を倒したいという気持ち、それはなに故なのか。なんかあるはず。なにもなければ、そこらへんの殺戮者となんら変わらないと僕は思うのです。

浜口・そうですね、相手に危害を加えることが目的ならば。本来武術は人を殺すもの。それが武道であり、時を経て少し精神的なものにはなった。柔道とかフルコン空手は格闘競技で、若い頃にしかできない。ところが、唯一剣道は例外で、七十歳でもやる人がいる。しかも格闘なんです。これは何故かというと、力・スピードだけじゃない、まさに合気というものが入っている。意識の攻防というのが入っていて、年いった人が若い人に勝ててしまう。日本剣道がオリンピックを目指さないのは、まさに正解だと思います。

保江・正解ですね。でも考えたら、さまざまな武道、格闘技の中で、剣道というのは刀でもって斬ろうとするもの。だからいちばん殺伐としているはずです、本当は。ところが、そうじゃない。爺さんのほうが強いという場合がけっこうあります。それに関連して、昔アザレのカウンターで飲んでいて、僕が浜口さんにやって見せた「視線」を上に移す技、あれは実はその頃読んでいた本がネタです。

その本を読んで、あ、なるほどと思ってやってみたのです。それは、神戸の無住心会の近藤孝洋先生の『極意の解明』（愛隆堂）でした。その中に、「刀で相手が斬りかかってきたときに、それから助かる方法はこれしかない。それは神への全託だ」と最後に書いてあった。私が炭粉さんとやったときがまさに「神への全託」でした。近藤先生はそれをどう表現されていたかというと、「真剣の太刀筋が、曲がってくる」というわけです。それはどうやって曲がるのかというと、例えば相手がまっすぐ袈裟に斬ろうとすると、それが相手の身体の動きで、このまま行くと当たるという場合は、相手の刃が曲がるんだと。（笑）鋼鉄の刃が。そういう表現があって、最初それを読んだとき、いやー、俺よりすごい先生がいるなと思いました。ただしこんな現象は普通の物理学ではあり得ない。相手の身体が硬直してきて、太刀筋が変わるというのなら、まだアリかも。そのあたりのことは、巻末の参考文献を見たら、メキシコの呪術師の本が三冊ぐらい載っていました。その本をすぐ取り寄せたところ、その本の著者はスピリチュアル業界ではけっこう有名な人でしたが、その本の内容がすごい。呪術だからいい・悪いは関係ないのですが、そこに「目で突き刺す」と書いてあった。おー、ちょっとやってみたいなーと思っていたので、浜口さんに試してみたのです。

浜口・そういう発想でしたか。めちゃ効きましたけど。

保江・そうなんですよ。だから僕も驚いた。えー、やっぱり呪術ってすごいな、と。

陰陽師《おんみょうじ》

保江・少しすそ野を広げていきます。

さっきの疑問と関連してくるのですが、オーラが見える女子大生の特訓で愛魂を極めたにもかかわらず、近藤先生の本やメキシコの呪術師の本を参考に、刀が曲がるわけないじゃんと思いつつ、いろんなことをやりくるっていた。

なんでこんなくだらないことに、人生を、命をかけるのかと自分でも疑問に思います。中には物理学者なんだから死ぬまでにもっと物理学できちんとした仕事をしたらどうかという人もいた。そういうことを言われるたびに、言いかえせない自分が情けない。

そのうちおもしろい出会いがありました。去年の春、京都の浄土宗のお寺さんで、講演をしてくれという。どんな講演ですかと聞いたら、もう一人別の演者がいました。交互に一時間半ぐらいずつしゃべった後に、対談してくれ、とも頼まれました。それを聴衆の皆さんが本堂で聞いて下さるわけです。そもそも相手の方はどんな人ですかと聞いたところ、相手は尾畑雁多《おばたかりんど》という知らない人で、陰陽師だという。ほー、現代に陰陽師って、いらっしゃるのですかと聞いたら、陰陽道を伝えている唯一の人ですということでした。そのお寺さん、実は安倍晴明を祀っているのです。その方はこれまで毎月そのお寺で講習会や勉強会を開いてきたそうです。「僕は映画で安倍晴明を見たぐらいで、陰陽道など知らず、幽霊が出たりするのが陰陽道だといった程度の理解しかありませんが、それで相手させていただいてよろしいのでしょうか」と聞いたら、先方はもう了承なさっていますとのこと。そこで「ああ、わかりました」となったのです。

実は親父に兄がいて、彼は婿養子になり保江家から離れ、岡山県の教育委員会に長くいました。だから歴史を調べるのが得意で、保江家のルーツを調べたことがあるのです。そうしたら、先祖は兵庫県の赤穂から岡山の備前に流れてきて、和気清麻呂が出た備前の和気というところに住み着いた。だからいまもお墓は和気にあります。備前藩に来るまでは、赤穂では別の苗字だったということもわかりました。

なぜ備前藩に来たかというと、うちの先祖は赤穂藩おかかえの陰陽師だったのです。赤穂藩は当時たくさんの陰陽師を育てていて、その勢力が江戸の陰陽師よりも勝っていた。それに対して危機感を抱いた江戸幕府は、赤穂藩の陰陽師を抹殺しなきゃいけないと考えたようです。このままだと彼らが朝廷側について江戸幕府を倒しかねない。そういう危機感があったので、赤穂藩を取り潰そうとし、それで忠臣蔵の「殿中でござる」の筋書きができて、その筋書きどおりにお取り潰しになったのです。そして江戸からきた隠密が、赤穂の陰陽師を惨殺し始めたのです。そこでうちの祖先も逃げました。家老の大石内蔵助も陰陽道を習っていたのですが、それは山鹿流で、あの討ち入りの陣太鼓が山鹿流というのもそこからきています。山鹿流というのは、実は陰陽師の流派で、大石内蔵助は備前藩出身。備前藩から出て赤穂の家老になっていました。うちの祖先はその大石内蔵助のつてを頼って、備前に逃げたわけです。祖先はどうも赤穂の陰陽師のボスだったらしいので、いちばん狙われていた。それで備前の殿様にお願いしたら、ちょうど備前に「保江」という由緒正しい家が、いま断絶して誰もいないので、この名字を使え、というお達しがあってそれ以来「保江」を名乗っているわけ。そこまで伯父が調べてくれたのです。

それでふと今度現代の陰陽師の人と京都で対談するのも、なにかの因縁かなと思い始めたのです。できすぎとも言えますが。

当日、早めに行ってあいさつし、しばらく雑談していました。そのとき、僕はこの家系の話をしたのです。「あ、その苗字知ってます」と。彼の家も赤穂の陰陽師で、彼の先祖は命からがら蝦夷まで逃げて、ほとぼりが冷めたころ大坂にもどってきたそうです。僕は伯父が調べたことしか知らなかったのですが、彼は具体的にいろいろ知っていました。彼はもの心ついたころから、播磨の陰陽師であることを知っていて、家には代々の巻物があり、それを持っている。彼は僕より若い、年は五十代中ば。そんなわけで話が合って、「今日お会いして対談するのも何かの縁ですね」、となりました。するとお寺の方が、「こちらの先生は物理学者で、合気道の先生でもあります」と紹介されたのですが、彼は「あ、そうですか。やっぱりね」と言う。「あなたも合気道されるのですか」とお聞きしたら、「私はしないのですが、その源流をやってます」とおっしゃる。「じゃ、大東流ですか」と聞いたら、「いや、その大東流の源流なのです」とのこと。「え？　僕は実は大東流もやってまして」と言ったら彼が教えてくれたのは「実は、大東流合気柔術の技というのは、陰陽道の中の武術の一部なのですよ」とのこと。「そんな話は聞いたことがない。その陰陽道の技ってなんというのですか」と聞いたら「御式内《ごしきうち》」と答えて下さったので、「え！　それは聞いたことがあります！」となったわけです。会津藩で御留技になっていて、御式内という名前の技をずっと受け継いでいたのが西郷頼母という家老で、その人が武田惣角という人に教えたのが大東流の始まり、というのが定説ですから。彼は「それは私も知っています」と言う。陰陽師のそれも「御式内」。技の名前とか目録を書いたものがあり、見せてくれました。それは、大東流とほとんど同じ内容で、四方投げとか小手返しとか一ヶ条とかもありました。「え！　これ大東流とほとんど同じじゃないですか！」と言うと、「だって大東流はこちらから出てるんですから当然です」と応えて下さる。

西郷頼母は武士ではなかったんです。家老なんだけど神主だった。神主ということは陰陽師、当時は。だから武田惣角に教えた御式内は陰陽道の中の武術の部分。大東流の技のほとんどは、陰陽道の御式内からきているわけです。「私も、大阪や福岡でこの御式内を教えています」とおっしゃるので「じゃ、大東流の技とかが合気道になって実際にいまどんなふうになっているか、ご存知ですか」と聞くと、「もちろん、私のところに、合気道とか大東流をやっている人が来ますから、知っています」。

「では、それらは同じようなものですか」と伺ったら、「動きはなんとか伝わったようですね」とのこと。「動き以外になにがあるんですか」と聞いたら「音が伝わってない」と言われた。「え？　音ってなんですか」と聞いたら「祝詞」という答え。「それって祝詞を唱えながらやるんでしょうかね。実は植芝盛平先生も晩年はそんな感じだったと聞いております」と言ったら「いや、そんなやり方じゃない。ある動きと連動した音霊《おとだま》を出すのです」と教えてくれました。入門しないと詳しくは教えられないので具体的には言えないが、ここからこう動作をするとき発する音霊は、こう、と動作によって違う音霊があるとおっしゃる。四方投げなら四方投げで、このときにこういう音を出し、ふりかぶるときはこういう音を出し、最後に落とすときにはこういう音を出さなきゃいけない、とまで教えてくれました。僕は「なるほど」と思いました。

保江・後日、道場でやってみました。教わってはいないのだけど、なにか言えばいいということで。しかも祝詞のようなものだと。だから「たかーーまがーーはらーーのーー」と勝手にやっていたら、うまく合うときがある。そんなときフーンと相手は崩れてしまいます。ところがそれ以外の音でやったら全然崩れない。こういうものがもともと陰陽道にあって、それが会津藩の家老だった西郷頼母から武田惣角に受け継がれた。ただし佐川先生がおっしゃるのに、武田惣角は神様なんか信じる人ではなかったのです。しかも彼が技をかけるときに、気合どころか声もほとんど出していなかったそうです。ときどきうなっていたけれども、それは気合とかではなかったとのこと。だから佐川先生も、「気合は合気とは関係ないよ」とおっしゃっていて、一切声を出されなかった。武田惣角は剣術が主だったから少しは声を出していたようですが。

実際に陰陽師の人が言うように、技の節々で発生する音がある、といった事実は佐川先生にも武田惣角にもなかった。いつから音がなくなったのかはわからない。西郷頼母のときかもしれない。しかし、陰陽道の中で御式内は音霊を使っていて、それが重要だと聞きました。

言霊とか音霊とか、僕は信じていなかったのだけど、陰陽道、あるいは神道の中の祝詞に近いもの、いまでいうスピリチュアルなものは現実世界になにか効果を出している。だからそれはそれで考えなきゃいけないなと、思い始めました、その陰陽師の方と出会って。

そうすると、陰陽師まで遡ることになり、しかもうちは陰陽師の家系だった。そこでちょっと納得し始めたことがあったのは、こんなことがあるのだから僕が合気というものを追求し続けてきたのか。高校三年のときに、ＮＨＫのテレビで爺さんがイェーという声を出して若い門人を投げ飛ばしている……これすごい、大学に入ったらやりたいと思った。当時軟弱だったから、そんなふうに考えるのも不思議だったわけです。武術のようなものを僕がするようにも思えなかったのですが、ともかく入学して合気道をやろうと思って合気道部を訪ねて、そこから合気道を始めたわけです。

そのときには盛平先生は亡くなられていて残念だったのだけれど、それからずーっとやって、そのうち、いやー合気道じゃ効かないなあ、でかいスイス人がきたときはどうにもならない。だからなんとかしたい、と思っていたちょうどそのとき合気道の先輩が、佐川先生を見つけて、佐川先生のところに入門して「すごかった」と言う。じゃ僕もそっちに行きたいということになり、佐川先生のところに行った。

そのときだって、スイス人の樵《きこり》みたいにでかいのを倒さなくってもいいじゃんと、なぜ思えなかったのか。ジュネーブ大学にも迷惑かけてまで、急に日本に戻って佐川道場で稽古し始めた。人を倒してもナンボにもならないことに、なぜ熱中するのか。そういう疑問をさっきから何度か言っていますが、うちの家系が陰陽師だったことと、合気の源流が陰陽道の御式内だったことを聞いて、「あーっ」と思ったのです。つまり私がやってたことは、先祖への回帰がそうさせていたのか！　それで陰陽師の人との出会いのおかげで、僕自身少し落ち着いたわけです。

この我々の対談が出版されるまで、大東流合気の源流が陰陽道だったことを知っている人は、御式内をやっているわずかの人だけだったと思います。不思議だったのは合気は会津藩の御留技で御式内ということまでは伝わっている。さらに、そもそもは源義光が戦場で死体を解剖して、人間の骨格構造を学んで作り上げた源氏にゆかりのものが合気である、と合気道の本にも書いてあったのです。なんで源氏が出てくるのかと思い、調べてみました。すると清和天皇が野に下って源姓を名乗ったという。だからもともと天皇の血筋だった人が、身を守るためか、国を治めるためかわからないのですが、清和源氏の流れの源義光から合気が興ったことになります。清和天皇は当時、陰陽師の中心人物で元締めだったそうです。だから「清い和」、安倍晴明も「清い」を用いた「清明」という表現もあり、陰陽師では「清」という字がわりと使われていたのです。だから源義光が見つけて伝えてきたという大東流や合気道の人達の語る話は、あながち創作ばかりではないのかもしれません。陰陽師から伝わったということを、におわせていますから。

こんなことがわかったのですが、すると私はその血筋だったんだと、うれしくなりました。

システマ

保江・我々の道場は上下の差はなく、種別の差はどんどんできていくし枝分かれしていきます。いつぞや大阪で通訳をはさんで対談させてもらったのは、ロシア武術システマのミハエル・リャブコ先生という創始者。そのときいろいろ話して、彼も同じような雰囲気で――という意味は、システマというのは旧ソビエト陸軍の特殊部隊スペッナツが使っていた格闘術で、世界最強と言われています。映画にもなっていて、『フリント　無敵の男』というタイトルでロシアで作られました。その主人公がスペッナツを退役した人で、たった一人で何十人の悪い警官とかをやっつけるわけです。シルベスター・スタローンの映画『ランボー』みたいに。スタローンは力を誇示してやりますが、フリントは無駄な動きをしないであっという間に相手を倒す。それがシステマの技で、リャブコ先生はそのシステマの教官だったのです。

もともとはロシア正教に伝わっていた秘技で、ロシア革命のときに消滅するはずだったんだけど、旧ソビエト陸軍は、ロシア正教は迫害したがそこに伝わっていたこの秘技は特殊部隊の技として残したわけです。そこを退役して、一般に教え始めたのがリャブコ先生。それは、僕のやる愛魂と非常に似ている。対談する前に、予備知識を得ようと、リャブコ先生の部下の人達（いまは師範になっている方々）が、何人も本を書いたり、DVDを出したりしているので、それらを見てみました。すると眼光するどく、斧をピューンと投げてグサッと刺す。明らかに特殊部隊の猛者。それぞれの得意技、寝技とかがいっぱい載っている。ところがリャブコ先生の技はぜんぜん違う。それが僕に似てたんだけど、ほとんど何もしてない。ニコニコしながらフフフーンとやったら、斧をピューンと投げる人達がパーンと飛ばされる。どう見てもこれ、普通ならウソだと思う。リャブコ先生、太っているんだけど、背は低い。僕より低い。でも存在感はすごい。そういうDVDなんか見てたから、ちょっと意地の悪い質問をしました。「お弟子さん達は僕が見ても強そう。でもリャブコ先生は穏やかでニッコリされていて、僕の先生である佐川先生と共通点があるんですけど、なにが違うんでしょうかね」そしたら「いい質問だ」と言って、彼の右腕の幹部達は「同じ軍人であったけれど、軍人というのみ。自分はロシア正教の聖職者で、家に教会がある。そこで毎日祈っている。そこが違うんだ」と答えてくれました。

浜口・そうでしょうね、スペッナツの猛者が教会で礼拝したりしませんよね。

保江・でも彼は祈る、だから彼のシステマは他の者と違うと言うのです。「お前がやっているのは？」と聞かれたから、「実はちょっと訳があって、カトリックの神父様から、キリストの愛に基づいた活人術を習ったので、その延長で相手を愛するということを主にして合気道のような技をやっている」と言ったら「それは、そのとおりだ。ただ私が猛者達にそのように教えないのは、ロシア正教に入信していないと理解できないからだし、よけいわからなくなるから。だからもし特別なヤツがいたら、まずそいつをロシア正教に入れる。入れてから、これを教える」とおっしゃった。なるほどなあ、それはそうだと思いました。

キリストの教えをまっさきに広めたのは、ギリシャ。最初は、コプト語でキリストの教えは書かれた。そのコプト語といちばん近かったのがギリシャ語、だからギリシャ語に翻訳されたわけです。それがローマなどからいろいろ迫害されつつ、ロシアなどにもロシア正教として広がっていった。だからロシア正教はわりと原始キリスト教に近い。

ところで、神道の中でも陰陽道には呪術があったりする、つまり原始的な宗教に近い。だから陰陽師の御式内と同じで、ロシア正教に伝わったシステマも、宗教的・呪術的なものがあった上で、すごい効果を出す技だと僕はにらんだのです。

呪術とは、祈ったり忍者みたいな仕草をしたりと、ともかく何らかの方法で呪いをかけるとか、祈りの力とか、あるいは口に出して音霊を発するとかになるのですが、そんなものを使うと相手がいとも簡単に崩れて倒れる。殺傷力ではたぶん世界一の特殊部隊スペッナツの人達が使う技として呪術のようなものが残されてきたことになります。実際そういうことをしたほうが効くからなのですが……。だから呪術の力は本当、真実なのです。効かなきゃスペッナツがそんなもの使わない。

じゃ、我々物理学者として、物理学の枠組みの中で、そんなことが許されるのか、と頭をかかえてしまうわけです。物理学の枠組みの中でこういう可能性がある、こういう理屈がある、それでこうなるんだろうと言えるのならまだしも、です。すごい超音波を出して脳を狂わせる――いまではそんな兵器が開発されてはいますが――そういったものは数十年前はなかった。当時、人間が発する音だけでは相手の脳を狂わせることはできなかった。よっぽど甲高いソプラノ歌手でないかぎり。

でも、呪術、祈り、念を送る、ある特殊な音を出す、音霊、言霊。それらになにか効果があるはずだからスペッナツが利用している。しかしそれを解明できるほど物理学は育っていない。

だから形而上学とか、メタ物理学、オカルトにつながっていくわけです。近藤先生の本にあった、メキシコ人の呪術のマスターが書き残した本を勉強して、そのとおりやってみた。そうしたら確かに効果がある。効果はあるとしても、やはり物理学的にそれを説明したい、物理学者として。そうでないなら、陰陽師の末裔として、かつ物理学者としての僕の役割は、もういらない。封印した愛魂ではあるが、それをマスターしたからその分野での僕はそれでもうよかった。しかし、物理学者でもある、この僕は。だから全部理解して死にたいのです。

そこで人生最後の課題として、物理学で合気というものをどこまで解明できるかという大問題に集中したくなってきました。ただしそのときの「解明」は『武道vs物理学』で書いたような、相手の神経伝達がどうのこうの、あるいは感覚が狂うとか、そんなレベルじゃなくて、陰陽師の音霊や呪術まで説明しないと物理学で解明できたとは僕には思えなくなっていました。いつか、死ぬまでにはわかるだろうと希望的観測を持っていたのですが、実際には手つかずでした。『武道vs物理学』で展開した考察ぐらいが通常の物理学では限度だな思っていたわけです。

超能力と物理学

保江・似たような状況で、超能力というのがあります。愛魂だって、超能力だと言えば、いちばん簡単なわけです。盛平先生は超能力者だった、佐川先生も超能力者だった、だからあの人達は超能力で合気が使えていたんだ。僕らは超能力者じゃないから、使えないんだ。これ、いちばん簡単な、納得できる説明なのです。でもこの逃げ道を唱える人はなかなかいない。武道家の中で合気のことを超能力だと言っている人は、少数派でしょう。その理由の多くは、超能力と言ったとたん、世間は信用しないから、たぶん。
浜口・習おうとも思わないでしょうね。
保江・そう、超能力だよと言ったとたん、習いにもこない。誰にでもできない技だろう、ということで。
浜口・保江先生のオーラ説もそれに近いですよね。それを保江先生があまりおっしゃらなかったからよかった。それを聞いていたら、私も習いに行かなかったかもしれません。
保江・そうそう。そうだよね。だからあのとき封印したのは、二とおりの意味があったのです。世間的にはまっとうな人間の顔ができたし、また女子大生の道を外させない、という意味もあった。
浜口・合気の「解明」に戻ると、音霊とか呪術的なこととか、それをやれば効果があることは確かだし、それを説明すべき対象として、音霊なら、音の種類によって効果が違うということが経験からわかるので、それにどういう意味を持たせるのか。たとえば「アー」と言ったら効いた。でも「イー」と言ったら効かない。だから「アー」という音に意味があるんだというような実験で実証されていくのですよね。経験的に。
私の直感では、おそらく別の人が「ウー」でやったらできたが「エー」でやったらできないので、これは「ウー」でできるんだよという結論を出すこともあるのではないでしょうか。けっこう置き換え可能な一種の記号だと思うんですよ、音霊などというものは。

保江・そう、いまおっしゃった記号。記号論でいう記号にすぎない。

浜口・だから一つ一つの中身に具体的に意味を持たせることに——持たせてもいいんですが——あまり意味がないと私は思います。「アー」だろうか「イー」だろうか「ウー」だろうか、ということにどこまで意味があるんだろうか？

保江・そのとおりです。僕それまではぜんぜん信用していなかった音霊、言霊というものを、どんなもんかなとちょっと調べ始めたのです。するといろんなことを言ったり書いていたりする人がいるのですが、それらを一とおりずーと見て、「あ、この人の言ってることは本当だな」と思えたのは、記号としての言葉の意味とか字面とか音の変動、それはまったく意味がないということでした。単にそれはきっかけにすぎない。その音を聞いて、相手とかこっちとかがこの宇宙空間の中になにかが起きる、変化が生まれる。そっちが大事なんで名前そのものに意味はありません。ところが、記号論であーだこーだという人が多いのです。言霊を組み合わせてとかいうのは、ダメなやり方で、本当はそんなこと考えずに、何でもいいんだよ、というほうがむしろ当たっているのではないかな。だから浜口さんが言ったとおりなわけです。

音霊の音は音波ですから、物理学で言うと空気の粗密波、つまり振動だから、真空中は伝わらない。そんなもので、なんで相手が崩れたり崩れなかったりするのか。そこをいかに物理学の枠に持っていくか。物理学で音といえば、単なる空気の振動だから、そんなところを、いまさらなにをやるべきなのか。普通に考えると、神経電位を計ったり、額から相手の額に向かって遠赤外線が出ているとか、そんなレベルになってしまう。超能力やテレパシーとかを研究している心理学者といった人達と同じレベルになってしまうわけです。

そんなんじゃない、根源的な物理学の枠組みでそれをもっとはっきりさせたいのです。そうするといままで超能力というものに対して、物理学者がどこまでどういうふうにアプローチしてきたかを見ておく必要があります。

ほとんどの物理学者は、そんなものはない、超能力はいかさまだ、と言います。しかし、そんな中でも、変わった物理学者が数人いました。真剣に勉強した人達が。

まずウィーン大学のグスタフ・フェヒナー。「ヴェーバー・フェヒナーの法則」というのに名前が残っています。この法則は、人間の感覚、例えば音、圧、明るさ、そういうのは指数関数的だというものです。例えば我々が二倍明るいと感じたら、実は十倍、つまり一桁大きい明るい刺激が来ているというわけですね。彼が最後に書き残した本が死後の世界を研究したもので、死んだ人との通信を何回も試みたようです。人間が死ぬっていうことはこういうことだ、生きていくということはこうだ、そして死んだらどこに行くのかとか、彼なりに真剣に実験もし、理屈も作ったのです。それを書いた本があったのですが、フェヒナーの評判を落とすことになるという理由で、フェヒナー全集からは外されていました。かたや、その外された部分だけを本にした人もいました（邦題『フェヒナー博士の死後の世界は実在します』成甲書房)。

それからゴットフリート・ライプニッツ。彼のモナド論。これは人間の魂を定式化する最も単純なモデルで、なかなかのものです。

それとアイザック・ニュートン。大著『プリンキピア』の中で、彼の発見した運動法則と万有引力の問題、それだけで天界から地上までのあらゆる物体の運動を記述できる、というやつ。だからニュートンが近代物理学の父だという評価を得ています。そのニュートンが『プリンキピア』の最後(第三巻)に、こう書いている。自分が見つけた運動法則と万有引力の法則だけで、この宇宙のすべての秩序を説明することはできない。なにができないかというと、「自由意志」が記述できない、と言うのです。ある時点で宇宙の中のすべての運動と位置がわかれば、それより前も後ろも、ぜーんぶわかってしまうため、そこに自由意志が入り込む余地はないという事実。それをニュートン自身が気づいていて、そこに書いてあるのです。でもそれをその後の物理学者達は無視します。

そんなことを言ったら、物理実験の準備をする段階で、人間の自由意志がなくなったら……おかしなことになるからね。

浜口・高校物理の教科書で、運動方程式だけでは運動は決まらない、初期条件が必要だとはっきり書いてあります。それはそうなんです。でも、初期条件は誰がどうやって作るのかは、なにも書いていない。書いたらやばい。(笑)

保江・そうなんです。それでニュートンも、ではどこから自由意志があるんだろうと考えた。キリスト教会の定説、ドグマでは神様と人間しか自由意志を持っていない。天使は持っていない、天使は神様の言いなりにしか動かないのです。でも人間だけは神様から自由意志を与えられている稀有な存在なのです。ヨーロッパの人達にとって、人間は動物ではない。彼らは「人間と動物」という言いかたをします。我々日本人にとっては、人間は動物に含まれているわけです。ニュートンにとっても、神様から与えられている自由意志を発動するためには、神様がこの世界で起きている隅々のすべてのことを掌握して、その上で我々に自由意志があるように振舞わせないといけない。そのためにはこの世界のいたるところに、神様の覗き穴があるはずだ、とニュートンは書いています。

だから彼の発見した運動法則と万有引力があって、さらにその上に神様の覗き穴があって初めて自由意志が発動するのです。いまでいう科学的ではない発想です。僕もどっちかというとニュートンのそれを信じたい。

ニュートンの次はヴォルフガング・パウリです。精神科医のカール・グスタフ・ユングがフロイト学派とは別にチューリヒで別の学派を作ります。その頃、スイスのノーベル賞受賞者パウリがユングのところに患者として来たのです。患者として出入りしているうちに、ユングも彼をすごい物理学者だと認め、医者と患者の関係を超えて、二人して共同研究を始めました。なにを研究したかといえば、超能力。ユングは精神科医の中でも、超能力とか無意識とか予知とかをちゃんと捉えようとした人です。彼は物理学者であるパウリに、もしテレパシーということが可能ならそれは物理学的にどういう理屈かと問い、二人で研究をするわけです。理屈の部分はパウリが考えて、二人で研究をして論文にしたのです。それは公開されなかったのです。別のものは出版され、翻訳本がでています（『自然現象と心の構造』海鳴社）。そこには具体的に数式が出ているわけではなく、我々のように二人で討論をして論じ合った程度です。ところが公開されなかった論文のほうには、もちろん、数式がびっしりあったのです。それを何故僕が知っているかというと、僕が博士号を取ってジュネーブ大学に行ったとき、僕の上司だった教授がチャールズ・エンツ先生で、パウリが死んだときチューリヒ工科大学のパウリの研究室の鍵を助手として持っていたのです。そして亡くなった後もそこの片づけなどをして管理していたわけで、書きかけの原稿なども全部集めていました。エンツ先生はパウリのおかげをずいぶん被っていると言う人もいるくらいです。その先生が僕がジュネーブに行ったとき、歓迎会を開いて下さった。その頃の僕は超能力など信じていない普通の物理学者だったのですが、彼はパウリの最後の助手だったことが誇りでした。「僕はね、あのパウリの助手だったんだ」、とワインを飲みフォンデュを食べながら、胸を張っておっしゃる。「パウリの最後の部屋も片付けて、CERNにあるパウリの部屋も自分に任されている」と言う。晩年のパウリの部屋が、CERN（欧州原子核研究機構）に移設・保存されているのです。「今度連れてってやる」と言い、本当に連れていってくれました。

パウリとテレパシー

保江・CERN の中のパウリの部屋には、本棚にずらーっと本が並んでいたのですが、なんと、禅とか佛教とかの英語やドイツ語の本がけっこうあったのです。さすがユングと研究していただけのことはあります。パウリが他界した直後にエンツ先生が引き出しを開けると、ユングとパウリ連名の手書きの原稿があり、えっと思ってパラパラと見てみると、なんとテレパシーという現象を二人で解明したもので、物理学的にはこういうふうに考えられるという論文だったそうです。なんと、パウリがその数年前にヴェルナー・ハイゼンベルクといっしょに考え出した量子電磁力学、それを使ってテレパシーを解析していたのです。すごいでしょ？

浜口・うーん。

保江・エンツ先生もそれを見て「えーっ！」。エンツ先生もテレパシーなんかを信じない人だから、後日、いちおうパウリの奥さんにお伺いを立てたそうです。「パウリ先生が、ユング先生とこんな論文を書かれていて、まだ未発表ですが……」と言って見せたわけです。奥さんは数式など理解できないのですが、テレパシー云々のタイトルを見て、「こんなのが世に出たら、主人の物理学者としての名声に泥を塗ることになりますから、ぜったいに出さないで下さい」と言って、その原稿を取り上げたんだそうです。

でもエンツ先生は全部見ているから、だいたい再現できると言っていました。それを聞いても僕は当時興味がなかったので、パウリも晩年は変だったのですね、と言っていた。でも今にして思えば、そのとき再現しておいてもらえばよかったなと思います。数式だけでも。

でも、もしまっとうな物理学者が、テレパシーがあるとして考えたらその媒体は電磁場以外にないはずです。だったらそれをちょうど提唱したばっかりの量子電磁力学で、解明しようとしたことはとても自然なことです。だから、本当に見てみたい、いま思えば。

だからといって、合気を解明するために量子電磁力学を使うかというと、もし使っても、さっきの音霊のところで困ることになるわけです。量子電磁力学では音とかは関係ないから、そこはカバーできない。だから量子電磁力学はそもそも使えないわけです、テレパシーには使えたかもしれないですが。するとそれ以外のものを使わないといけないことになります。でもそれ以外って、なにもない。例えばクォークとかレプトンなどを出してきたとしても、その時点で音霊はそんな高エネルギーのものではないので、資格外になります。

では、電磁場以外でなにが遠隔作用を起こさせるかというと、なんにもない。

浜口・テレパシーの話ですか？

保江・いまはテレパシーの話。

それで、量子電磁力学以外でテレパシーをも説明できるようなものが、もしあれば、それを使えば合気というものも、その物理的枠組みの中で論じることができるんじゃないか。まずそう思ったわけです。合気の前にテレパシーとか、呪術みたいに念じることで相手が具合悪くなったり逆に病気が治ったり、といったことも説明できる。でも、ユングとパウリが頑張った量子電磁力学では、まだまだ説明できないのです。だからそれよりもっと後にできた物理学のすごい理論を使って、なんかやってみようと考えました。そこで、超能力に対して物理学で使える持ち駒にはどんなものがあるのかを出してきて、その上でそれを使って合気解明に取り組めばどうなるか。そういう論法に持ち込まないと、合気という正体不明のよくわからないものに迫る手立てがないわけです。だから、超能力とかにまず持ち駒を試してみる。そこで、なんとなくあてはまって理解できそうな答えが出たら、それを合気にあてはめる、というのがまっとうなやり方じゃないか、と。最近そう思うようになりました。

浜口・超能力、テレパシー、念力などを、私は信じませんが、しかしそれがあると仮定して、それを説明できるモデルはなんだろうとシミュレーションしてみる、というお話ですよね。そしてその枠組みを使えば、合気というなにかあるかもしれない現象に対して、アプローチできるかもしれない、と。いやー、それはおもしろいと思います。

保江・信じる、信じないというのは、その人が実際、本当に体験した、見たということによるわけです。実際に体験したり見たという人は、非常に少ない。特に物理学者は少ないので、信じる、信じないはちょっと棚上げにして……。

浜口・あると仮定して、その場合どういう説明ができるかという話ならオーケーです。

保江・はい。そういうことです。

第二部　合気修得への道

眞法合気

浜口・今回の対談のテーマはこれまで四つありました。
一つ目は保江先生の「愛魂」の由来について。これは私も知らなかったオーラが見えるという女子大生による特別コーチの話などいろいろ新しいことを聞かせてもらいました。この技法について、たぶん我々弟子が聞かせていただくチャンスはおそらく最後かと思います。

保江・はい。今後はないと思います。

浜口・先生が教え始められてほぼ十年になるのですけれど、我々には謎に包まれていた発端の技がいったいなんなのか、くわしく聞かせていただく最後のチャンスかと思うので、それをもう少し補足していただけたら、と思います。
名前なんですが、すべて「アイキ」と呼ぶと、話の中で「愛魂」「合気」「合気道」のうちのどのアイキなのかわかりにくいのではないでしょうか。

保江・実は江戸時代の陰陽師である祖先の苗字が、「眞殿《まとの》」というので、私がキリストの活人術に偶然つけた「冠光寺眞法」という名前も悪くなかったなあと思っています。それで「まとののほう」ということで、私の技は「眞法合気《しんぽう》」でいきましょう。もう江戸時代の隠密に命を狙われることもないと思うから。

浜口・はい。

つぎに二つ目は、主に力学的な技法。合気テクニカルや佐川先生の技と言われていた技法。保江先生は「透明な力は外力である」という捉え方で説明されました。

いっぽう私のほうはもう少し細かく見て、「二段階操作」でやるとか、「停止期間が重要である」と言い、動作のもう少し具体的な訓練法を含めて考えています。

この二つ目の身体技法についても、名称があったほうがいいのではないでしょうか。

保江・身体技法というと、合気から離れるので、「身体合気」として、その中に浜口さんのアプローチや私のアプローチなどがあり、「浜口流身体合気」や「保江流身体合気」などなど、という表現でいきましょう。

浜口・はい。

三つ目は、今日のテーマに関係し、物理学での眞法合気の解明。そのイントロ部分を第一部でお話しいただいて、その中で超能力を真剣に分析しようとした科学者の話をお聞きしました。第一部まではそういう流れだったと思います。

それ以外の四つ目としては、ミヒャエル・リャブコ先生のシステマの特徴の話とか、また保江先生がなぜ合気にこれほどこだわるのか、という疑問から、先生は陰陽師の家系であるという興味深いお話をお聞きできたわけです。
これからは、これまで語り残されていることをいくつか補っていただいてから、メインである根本的な物理学理論による眞法合気の解明をお聞きできたら、と思っています。

合気修得への序章

浜口・さっそくなんですけど、眞法合気について、オーラが見えるという女子大生の特訓によって鍛えられたという話は、我々にとって衝撃の事実でありまして、これを本に書いていいのですかと思っているぐらいです。せっかくここまでお聞きしたので、それ以前の、佐川幸義先生やその高弟の方々から伝授されたものはなにか、それとエスタニスラウ神父様から伝授されたものはなにかということを、もう少しクリアにおっしゃっていただいたら、我々古い弟子の迷いはかなり消えるのではないかと思います。

保江・いやー、異存はまったくありません。
佐川幸義先生の道場では、先輩から口頭で伝授してもらったものはなにもありません。先輩達は自分のやっている合気について、また、先輩達が佐川先生から合気について教わったことについて、絶対に人に伝えることはありません。先輩達との稽古では、我々は彼等の稽古台になるだけ。そんなところで何年稽古しても、こんな珍しい技があるのかと、ときたま見せてくれることがあるので技の種類は増えるかもしれないけれど、合気とはこうだよとか、こうすればできるようになるよ、という教えは一切ないのです。合気で門人を倒すのはしょっちゅうやっていますが、弟子は倒されるだけで、どうやったら合気ができるようになるかは教わりません。

佐川先生がお亡くなりになって、しばらくして『合気修得への道』が出版され、それの最後のほうに、その著者である先輩もついに合気ができるようになった、そしてそれは頭のスイッチを切ることだ、というふうに表現されていました。

それまで僕の知っていた先輩は、合気ができていたわけじゃないので、それが佐川先生のように合気が使えるようになったというのであれば、確認に行かなきゃいけない。そう思って東京に行ったわけです。まだ手術後の傷口も癒えてないのに行きました。そしたら「よく来た」と言って歓迎されました。僕から、「先輩ができるようになった合気で、ちょっと二、三本投げてもらえませんか。そうしたら佐川先生との違いとか、合気か合気でないのかがわかりますから」と申し出たわけです。先輩は「ああ、いいことだ」と言って、相手してくれました。他の門人は興味を持って、どんな展開になるのか、まわりで見ていました。

まず一本目。確かに佐川先生が僕を投げたものと似ていました。違いは、佐川先生のように気を使って下さらないから、投げ飛ばされる、三メートルぐらい。だからものすごい音もするわけです。

バシャーンと。僕は受け身はうまかったほうだから、手術の後でもなんとかなって、「もう一本お願いします」と言って、また飛ばされる……。するとだんだんおもしろくなってきて、気がついたら何本飛ばされたか覚えていないけれど、三十分ぐらいやり続けていました。まわりは僕が病み上がりだと聞いている連中ばっかりで、「保江さん、だいじょうぶだろうか」と、気にして見ていてくれたそうです。

ところが僕自身は、だんだん元気になっていったのです。二、三メートル投げ飛ばされて思いっきり受け身をしてなんとか立ち上がり、「もう一回お願いしまーす」といって立ち上がる時間が、だんだん早くなっていった。

浜口・普通はだんだん遅くなります。疲れてきますから。

保江・そう。しかし、逆に「お願いしまーす」と言って反射的に立ち向かっていくのが早くなってきたし、気分もそうなっていった。そのとき、まわりを見る余裕はなかったけれど、後で聞いたら、みんなはポカーンとしていたらしい。

以前言ったように、佐川先生のときは、気が付いたら僕は先生の足元に潰されていました。気持ちよく崩れていって、最後にパーンとなったけれども、気がついたら場所としてはほとんどの場合、先生の足元。そこが先輩と違う。

だから佐川先生は、危ないから透明な力は僕には使わずに、合気だけでなさってくれていたとしたら、先輩は、合気で崩して次に透明な力でぶっ飛ばしたわけです。そう理解して、「あ、やっぱり先輩は合気ができるようになったんだ」と思い、それだけを確認にしに行ったので、それで稽古をやめました。門人同士で稽古しても効かないので、この投げられた感覚を大事にしようと思って、「先輩、僕も手術後に障るから、後はここで見ています」と言って見学させてもらっていたら、ちょうど極真空手の松井章圭館長が稽古しにふらっと見えたのです。

そうしたら先輩が、「あ、ちょうどいい」といって松井さんを紹介してくれました。他の門人は松井さんがときどき来て、強いのはわかっている。先輩は「保江君、おいでおいで」と言い、松井さんには突かれても絶対倒れないように立ってくれと頼むのです。松井さんは「押忍！」と言って構える。「保江君、松井さんは打たれ強いから、正拳突きで遠慮せず思いっきりぶっ飛ばしてごらん」と言う先輩に「無理ですよ、そんなこと」と言ったら「そりゃそうだけど、自分でどの程度いけるか確認するためにやってごらん」とのこと。松井さんに「いいんですか」と問うと「どうぞ」の一言。彼は百人抜きとかやっていて、打たれ慣れているからだったのでしょう。

僕は病み上がりだけれど、全力でバシーンと胸を突きました。でも、それぐらいじゃビクともしません。先輩は「これが普通だよね。実は二足直立している人間は不安定なんだ。マネキン人形ならすぐ倒れる。ところが人間は倒れないだろう、その倒れない理由があるんだよ」と教えて下さった。

「へー、それはなんなんですか」「いやー、そこまではねー言うわけはいかないんだけれども、実はね、スイッチがあるんだよ。そのスイッチが入っているから、人間は二足直立でも安定している。だからそのスイッチを切っちゃえば、マネキンみたいに簡単に倒れるんだよ」と教えてくれる。

浜口・そういう説明があったのですか？

保江・あったの、具体的に。ただそのスイッチがなんたるものか、しかもなんのスイッチなのかも教えてはくれない。ただスイッチがある。それを切って見せてやるよ、と言うわけです。お願いしますと言ったら、先輩がなにをやったかと言うと、松井館長の横に立って館長の肩に軽く手を乗せる。

「いいかね、いまスイッチを切るよ……ハイ、切ったから保江君、突いてごらん」と言う。切ったといっても、軽く手をかけているだけでした。僕としては手をかけているわけだから、館長は支えができたわけで、よけい安定しているように思ったのですが「わかりました」といってパーンと突いた。前と同じぐらいかちょっと弱いぐらいで。

すると、いまだによく覚えているのだけど、松井館長が一メートル五十センチぐらいそのまんまの形で真後ろに吹き飛んで、パーンとなった。館長は先輩からは何回もそれをやられているので慣れているのだけど、軟弱な僕のパンチでもやられたので、びっくりして起き上がってきました。「えー、こんなこと、あるんですか」

館長にとって、先輩ができるのはわかっていたけれど、先輩がスイッチを切ったら誰でもができるのが衝撃だったようです。

浜口・それは、他のみなさんも知らなかったのですか？

保江・知らなかったのではないかな。

先輩は、もう一回スイッチを元に戻して、僕に「もう一回やってごらん」と言うので、やってみると館長はビクともしない。スイッチは入れたり切ったりできるんだ……と思って、「いったい先輩はなにをしているんですか、肩に手をかける必要があるんですか」と聞いたわけです。「それはないんだ。ただ最初の頃肩に手をかけていたほうが、スイッチがわかりやすいんだ」とおっしゃった。「べつに肩にさわる必要はないんだよ。じゃ、やってみてあげようか」と言って、ご自分が松井館長に合気をかけて、バーンと投げ飛ばすのをやって見せてくれたとき、確かに事前に肩をさわらなかった。ただし、不思議な動作をする。先輩が館長に近づいたとき、手を振るようなことをする、そんなことをしてからポンとする。

「なにしたんですか」と聞いたら「いや、スイッチを切ったんだ」との答え。

なんだこりゃ、阿波踊りでもないし……でも、ともかくその後も、稽古を見学していた。そしたら、たしかに先輩が門人に合気をかけて投げるときには、事前に手を振るようなことをしていたのです、その頃は。

浜口・スイッチを切る準備ですか？

保江・そう、準備。

準備の意味もわからない。そもそも肩に触れる意味もわからなかったのですが、ありがとうございましたと言って、岡山に帰りました。

浜口・教えてもらったのは、その日一回だけだったのですか？

保江・一回だけ。後にも先にも。そもそも教えてくれない先輩だから。その日は僕は病み上がりで、他の人が見たら、「保江さんどうしたんだ、やせ細って」と心配する状態でした。当時の身体はいまの半分ぐらい。以前の太っている僕を見ていた人がほとんどだから、よけい心配するわけです。先輩も当然心配して、ひょっとすると「がん」が再発して命がなくなる可能性があるわけだから、できるだけのものは見せてやろう、体験させてあげようという親心があったのかもしれません。

だからたぶん、ベストな機会だったのだと思います。彼の許容範囲のすべてを教えてくれたのですから。後は自分で考えて盗め、という感じです。

合気開眼序章

保江・それから岡山に帰って、ずーっと、寝ても覚めても考え続けました。スイッチはいったいなんのスイッチなのか、そしてスイッチを切るのに、肩に手をかけるのは何故か、準備のために手を振ったりするのは、いったいなんなんだ……。

いちおう私も物理学者ですから、四十歳ごろから理論物理学の大先輩のお二人梅沢博臣先生と高橋康先生が研究なさっていた脳の記憶とか人間の意識とかを場の量子論や量子電磁力学を使って解明する理論もやっていました。その過程で脳の作用とかは勉強していたから、不安定な二足直立が安定して立てるのは、自律制御がものすごく精妙にできているのだろう。それをやっているのは小脳か大脳皮質の運動野か、ともかく脳に関係する脳神経的なところに違いない、と考えたりしていました。じゃ、肩に手を置いてなにをするんだろう、変なしぐさはなんなんだろう、と。松井さんの状況を考えたら、肩に手を置かれても置かれなくても、そんなに変わりっこはないはずですから。

こういうふうに、本質はなんなのかを、延々と考え続けたわけです。それから一週間ぐらいして、朝起きたとき不思議な感覚になりました。理屈ではいまだにわからないのですが、五里霧中の中で、あ、俺もできる！　と確信したのです。根拠のない確信。それで、これをすぐ試したくなりました。しかも、まわりにいた岡山の道場の人ぐらいじゃ意味がない、松井館長クラスのプロの武道家にやって効いて、初めて「できた」と言えるとも思えたのです。

そこであの頃の本では流派については隠していたけれど、少林寺の最上位級の拳法家に電話して

「根拠ないんだけど、合気、できたような気がする」

「えーっ！」

「ちょっと相手してくれませんか、普通の人相手では、できたとは思えないので。打たれ強い人に

かかってはじめてできたといえると思うので」

「是非来て下さい。なんなら私が行きます」

「いやいや、来られてもこちらは道場がないから、僕が行きます」

と言って、すぐに電車に飛び乗って四国の多度津へ行きました。

理性では百パーセントできないと思っていて、恥をかくのもいやだし、拳法家の前だけで恥をかけばいいと思い、人払いしてもらいました。先日の先輩と松井館長とのエピソードを話し、それを再現したいのだ、と言ったら「わかりました！」と返事をしてバシーッと立ってくれました。

「じゃ、いきますよ」と言ってなにもせず、バーンと正拳で突いたが、彼も打たれ強いし、なにも起こらない。そこで、朝起きたときに「俺もできる」と思ったときの自分の頭の中の状況を再現するしか手がなかったから、「ちょっと時間下さいね」と言って一、二分かけて朝の状況に近いと思われるものができたので、事前に「ちょっと肩に手を触らせて下さい」と言って左肩をさわったまま、右手でポンと突いたのです。だから、突きとしては弱い。

そうしたらあのときの松井さんのように、拳法家が後ろに一・五メートルぐらいウワーンと倒れたのです。僕も驚きましたが、彼がもっと驚いた。

「エーーーッ！　まるで合気じゃないですか⁉」

僕もキョトンとして、「本当に効いたんですか⁉」と口走ってしまいました。自分としては左手をかけたままで突きとしては軽いのでそう聞いたわけです。そうすると、「もちろん、そうです」と答えてくれました。

「もう一回やってください」「わかりました」と言ってまたやった。そしたらまたバーンと吹っ飛んだ。「もう一回!」、と彼も興味を持ってきて乗ってくる。僕もだんだん調子に乗ってきてやると……できないのです。つい調子に乗ってやる気を出したから。そうしたら最初の状態の気分がなくなっていて、まったくできない。

「なにやってるんですか。ちゃんとやってください」

「やってるつもりなんだけど……」

その後、何回やってもできない。

「じゃ、ここで休憩しましょう」と言ってくれて、二人で座った。そしたらいろいろ質問してこれました。なにがどうなってるんですか、とか、どこをどうしたんですかとか、彼も必死でした。不思議だし、答えたいんだけど、自分でもわからない。答えようにもわからないんですよといったら、「えー?」と、つまり僕が隠しているかのように思われる。だから僕もできるだけ自分がなにをやったか思い出しながら、「ひょっとして頸椎あたりを見ながらやったのかもしれませんね」と言ったら「あ、目つきですかね、じゃ、またやってみましょうかね」、と言ってまたやった。

またできない。「いやーできないですね、じゃ、状況変えましょう」と言って「こんどはあの有名な合気上げでやってみて下さい」とおっしゃる。正座して両手首を押さえられているので、肩に手を乗せられないけれど、手を触られているからまあいいかと思ってやってみることにしました。そして起き抜けの気分の状態を再現して……でも無理だろうなあ……と思いつつフッとやったら、ポーンと上がった！「ほらほらできたー」と拳法家も大喜び。二、三回やって、できた、できた。それで、僕がまた調子に乗り、よっしゃーと思ったとたん、またできなくなってしまいました。

結局、「今日はここでやめましょう、飲みに行きましょう」、と言ってくれました。飲みながら、一週間前東京であったことを延々としゃべりました。僕も頭を整理するのにずいぶん役に立ちました。彼は彼で、こうじゃないでしょうか、ああじゃないでしょうか、自分が受けた感覚はこうでしたとか、いろいろ教えてくれたのです。それから、彼もこれは唯一の突破口だと思ってくれたようで、毎月、必ず一回は、彼が岡山に来たり、僕が多度津へ行ったりしました。その結果、だんだん再現の率が上がってきたのです。すると拳法家自身もできるようになる。彼がご自分の門弟相手に試してみると本当にできたそうで、よけい興味を持って下さったのです。二人で徐々に同じペースで階段を上がっていくようでした。

浜口・その頃は、野山道場は？

保江・まだ開いていませんでした。だから大学の研究室や体育館でやっていました。

浜口・一つお聞きしたいことがあります。佐川道場で経験したことを、帰ってきて試してみられたときに、成功することが何回かあったことがポイントだと思います。たぶん佐川道場にもう一回行って、そこの皆さんと稽古をしたらきっと一回もできない。成功体験なしになって、結局そのままその感覚が消えていってしまったのではないでしょうか?

保江・そう、そうです。そのとおりです。

浜口・そこが非常に幸運だったのですね。

女子大生のコーチ

保江・そう、僕は幸運だったと思います。拳法家のところへ行ったあと、佐川道場へ行って先輩相手にしていたらダメでできなかったと思います。そのときちょうどいい相手が近くにいて、その人相手にできたのがよかった。できる、できないのコントロールがつかず、できたりできなかったりを続けながら……。しかもどうやったらできるようになるかといったら、朝の目覚めの気持ちと、先輩が肩に手をやっていた映像を思い出すということが、僕にとってのスイッチなんだろうと思って、そればっかりやってたわけです。

そんなあやふやなスイッチだと、入るときと入らないときがあり、ほとんどが入らない。それでも入ってしまえばすごいから、研究はでき、だんだん入る率が高まっていったんだけれども、やっぱりまだ自分では方程式がない。手がかりだけ、ヒントだけがあって、そのヒントを組み合わせてたまたま方程式の結果と同じことになるような状況でした。
そこで、そうだ合気道部の女子大生相手に、試してみるかと思って、大学でやってみました。だから最初の頃、四月になるまでの半年間の女子大生相手ではスイッチが入らない。入っても、ヒントによるスイッチだからできることもあるが、おおむねできなかった。
そういうところに、四月に入学してきた学生の中に、オーラが見える子がいたのです。スイッチを頼りに、合気の実演をやっていたときに「キャー、こわい」となったわけ。
浜口・私が入門した一年前のことだから、それは二〇〇七年ですね。その頃はヒントを頼りに試していらっしゃったわけですね。
それをお聞きして私が気づいたことは、拳法家との成功体験と、その後の女子大生相手の稽古、これが非常な幸運だということです。
保江・そうです。そのとおり。
浜口・普通の武道の道場で粗雑な感覚しか持てない男相手で稽古をやっていたら、たぶん、合気は消えてしまった可能性がありますね。
保江・そう、そのとおり。佐川先生も昔おっしゃっていました。本当に合気をつかみたかったら、女性と稽古しないと絶対わからない、と。でも我々はその意味すらそのときわかっていなかったのです。たとえ合気の方程式がわかり、スイッチを切ったりできたとしても、最初から屈強なだけが取柄の粗雑な人を相手に確実に倒せるという保証もないし、おそらくできないでしょう。それが女子大生相手だから、たまにできることもあったわけです。そうやっていたところに、さらに運よくオーラが見える子が現れた。

オーラが見える子が「先生、まだ先生のオーラは相手の首のあたりまでしか行っていませんよ」とか「あ、いま引っ込んじゃった」とか言ってくれるわけです。「引っ込んじゃった」と聞いたら、再びオーラを引き出す努力をしなきゃいけない、いろいろと。この見てくれている状況で、いろんな努力をすると彼女が言ってくれるのです、適切なことを。

浜口・「こっち」とか「あっち」とか細かい指示が出る……。

保江・そうそう。そうしたとき「あ、やっと出かけた」と言ってくれる。するとその直前に僕が努力していたことにピンときて、「あ、これか！」と思って、「じゃ、ちょっと待って、一回ゼロにもどすから」と言って普通の状態になるように一息入れたのです。それから「じゃ、見てて」と言って、合気が出かけた直前の状況を再現すると、「あ、出ます出ます、着実に先生のオーラが伸びています」と言ってくれる。それで、あ、これでいいのかと思う。

しかし、もっと早くそうなるにはどうしたらいいか。相手が蹴りや突きできても瞬時に間に合うようにするにはどうしたらいいか、と聞くと「じゃ、またやって下さい」と言って見てくれている。「それじゃ、ゆっくりすぎます」とか「あ、いまのがいちばん早かった」などと言ってくれる。「あ、これか……」と思い、もう一度白紙にもどして最初からやってみる。「あ、それがいちばん早いし、相手に確実に届いています。これだったら相手が誰でも倒せますよ」と言う。お墨付きがもらえたわけです。

というふうに、スイッチというのは相手の側にではなく、こっち側にあったのです。こっち側のスイッチをいろいろ操作することで、こっち側のオーラとか魂がスーと動いて相手のオーラを攻略あるいは侵略するというのが合気というものだったのです。少なくともそこまでその子のコーチの下でわかってきました。

浜口・ようやく自分がなにをやればいいか、わかってきた、形になってきたわけですね。

保江・そうすると、なにをやっているかというと、後頭部の首の上のあたりに皮があるでしょ？普通はそれを意図的に動かせないでしょ？　それを、顔の表情筋を動かすように後頭部の首の上あたりを動かす、という表現が感覚的にはいちばん近いと思います。

浜口・はい、なるほど。

保江・そうすると、そこの筋肉を動かしたからといって普通の身体現象としてはなにも変わりがないけれども、そのオーラが見える子にとっては、僕のオーラが相手にどの程度侵略するかとか、どの程度のスピードで行くかということに、その筋肉の動かし方は関係していることになるわけです。僕が言われるままに努力したのは、後頭部の皮とか筋肉の表情を変えたことなのです――ばらしちゃうと、そういうことだった。

だからこの眞法合気を本当にこつこつと稽古したいのであれば、後頭部あたりを訓練することが必要になるのですが……。

浜口・でも、モニターが、コーチがいて、教えてくれないと意味がないですね？

保江・そう。後頭部をいくらなんかやったって、なにがどうなるか、わからないもの。

たまたま僕が朝起きて合気ができると確信したのも、寝ていたときの姿勢かなんかで、枕が当たっていたあたりがよかったのだと思います。偶然でもなんでもいいけど、できていたわけです。そのときのことを逆に思えば、たしかに後頭部のここに違和感がありました。だから運がよかったのです。ただただ運がよかった。佐川道場の先輩に始まり、拳法家、この女子大生とつながったのですから。

もし、遠赤外線カメラでもなんでもいいですが、それでもって写して、オーラが出る、出ないのモニターがあれば、合気の訓練は可能になるはずです。ただ、そういうものはありません。あるいは、そういうものが見える人を見つけてくれればできる。……結局話しちゃった……。

浜口・いやー、これは我々古い弟子にとっては、衝撃の事実だと思います。

保江・その子の特訓で、確実にスイッチが切れるようになってから稽古して、稽古の後、どこが疲れるかといって、後頭部の筋肉がモハーとして疲れるのです。だからいつも稽古終わったらお酒を飲んでいた。そうしないと、帰ってから眠れないのです。眠っても悪い夢を見たり、うなされたり、歯ぎしりしたりで、大変でした。戻しておかないと、通常の生活に安定感がなくなるわけです。本来はしちゃいけないことをやってるのだから。

浜口・いやーよくわかりました。ありがとうございました。非常に貴重なお話をうかがうことができました。

保江・ただ、オーラが見える子なんていないよ、という立場の人にとって、なにをたわごとを言ってるの、ということになりますが。その後、相手を愛せよ、宇宙を愛せよ、一体になれとか言って「愛しなさい」と指導してきましたが、本当は、愛してたりしていても後頭部のここのスイッチを切らない限り、合気はできないのです。

浜口・愛していると思っているだけでは……。

保江・思っているだけではできない。ここのスイッチがいるのです。そこの部分は以前からみんなに教えてあげたいとは思っていたけれど、言っても誰もできないのです。

浜口・訓練不可能?

保江・はい。だから言ってもなんのプラスにもならないし、自慢にしかならないのでこれまで言ってこなかった。あるいは絶望感を与えてしまうかもしれない。もうできないのだ、と。

エスタニスラウ神父

浜口・次に、エスタニスラウ神父の活人術とどうつながっているのかということを、この際お聞きしてよろしいですか。

保江・もちろん。

実は、エスタニスラウ神父様から活人術を授かっていたことも、まったく忘れていたのです。

浜口・時系列としては？

保江・ずっと前。がんになる十五年ぐらい前のことです。いまからだと三十年近く前の話です。僕が岡山のノートルダム清心女子大学に勤め始めて一年経ったときに渡辺和子シスター、当時の学長が僕を呼んで「悪いけど、週に一回、尼崎にある英知大学に、非常勤で教えに行ってくれないでしょうか、学長の神父さんからのたってのお願いです」と頼まれてしまいました。僕もシスターにはとてもお世話になっていましたから、「わかりました」とお引き受けしました。ノートルダムでは授業は週に四コマで、それ以上しなくてもいい、と大事に扱って下さっていたから、気分転換に週に一回大阪方面に行くのもいいか、と思ったわけです。

英知大学の助手で、沼波義彦さんという背の高い方。彼は神父ではないのですが神父になろうと思い神学科を出た人で、途中、個人的な理由で神父になるのを一時断念していました。その方とだんだん親しくなり、授業の後でお酒を飲んで帰るようになったのです。

そのころ僕は、東京の佐川先生のところをやめて岡山に帰っていたから、もう合気なんて関係ないと思って一切なんにもしていませんでした。それで一年ぐらい経った夏休みに、沼波さんが真っ黒に日焼けして授業に出てきました。「沖縄にでも行ってたんですか」と聞いたら、「広島の三原の山奥で、農作業を手伝ってきました」とのこと。「なんでそんなところに?」と聞いたら、「スペイン人の立派な神父様がいらして隠遁生活をされている。その神父様の話を聞いたり、お手伝いをしたりするんです」と言う。

「すばらしい神父様で、キリストの活人術というのを、スペインのモンセラート修道院で、マルコ神父様と二人だけで、受け継いできたそうです」「それ、どんなものですか」と聞いたら「なにか、柔道のような格闘技だそうですよ」「へえー、じゃどんな修行をするのですか」「私が聞いたところによると、モンセラートの岩山の崖をぼろぼろの修道服でサルみたいに、パッパッパッパと登ったり降りたり、またマルコ神父様と岩場でとっ組み合ったり投げたりしているそうです」などと教えてくれました。

あるときなど、スペイン陸軍のレンジャー部隊がその裏山で訓練していて、休憩時間に談笑していたとき、ちょうど二人がとっ組み合いをしていたそうです。レンジャー部隊の若い連中が、「乞食坊主がなんかやってるから取り囲んでからかってやれ」となったのですが、あっという間に全員が倒されてしまった。そこへ司令官がやってきて、「おまえら、ヤメロー！」となった。
司令官は帰りがけに修道院に寄って院長の神父に、「裏山にへんな乞食が二人いて、うちの若いのを全員倒したのだけど、あれなんですか。なんで修道院長は彼ら乞食を追い出さないのですか」と聞きました。「え？　乞食なんかいませんけど」「いや、二人はこんな風体で…」「あ、それはマルコ神父とエスタニスラウ神父です。しかし彼らはそんなことはしていません、キリスト伝来の活人術の修行をしているはずです」となったそうです。修道院長ですら彼等が具体的になにをしているのか知らなかったのです。
その後、エスタニスラウ神父の夢枕に、キリストが立ち、「日本に行け」となり最初五島列島に行き、それから三原の山奥へ移った。その話を聞いて僕は興味を持ち、「会ってみたいんですが」と言ったら、沼波さんは「お手紙を書いて聞いてみます」となり、返事が来ました。それには「科学者とは話が合わないから、会いません」とあったのです。(笑)
会うのは断念したのですが、年末を過ぎて正月の三日、朝起きて顔を洗う水が顔に当たった瞬間、「今日行かなきゃ」と思いました。そのときは名前も知らないし、住所も知らない。ただただ三原の山奥で隠遁生活をしているスペイン人の神父、ということだけを頼りに車を出しました。途中、高校のときからの友人の北村好孝君を乗せました。曇天の日だったのですが、北村君が「そんなすごい人なら、なにかで君を導いてくれるはずだ」と言って、陽が射している谷間を目指すことになりました。そこへ着いたら、次に別の陽が射している谷間の方向へ……と四回ぐらい追っていったところ、もうどこにも陽が射していないから、ここだ、となりそこらあたりにいた人に聞いたら、「ああ、スペイン人の神父さんはそこにいるよ」となったのです。

それで会って、そのときはっきり覚えているのは、「人間の魂はどこにあるのでしょうか、また科学者とは話が合わないとおっしゃっていたのに、今日何故こうして会えるんでしょうか」という意地悪い質問をしたことです。どっちもはっきり答えてくれました。それは僕の本『合気開眼』(海鳴社)に書いてあります。それが神父様と会った一回目です。名前はそのときエスタニスラウ神父様と伺ったのですが、住所は聞かなかった。もう二度と来ることはないと思っていたから。

それから五年ぐらい経ったころ。うちの下の娘が中学生で、ぐれて茶髪に染め、担任の先生からしょっちゅう呼び出しがくるような状況になってしまいました。困り果て、「あの神父に会わせたら、ひょっとして改善するんじゃないか」となんの根拠もなくそう思って、夏休みに連れて行こうとしたのです。ところがうちの娘、車に弱い。だから三原まで新幹線で行って、そこからレンタカーで北の方角に向かって行きました。

住所を知らないことに加え、中国地方の山奥なんてどこを見ても同じような景色でしかありません。しかも前回とは道が違うし、五年も経っている。どうすればいいかわからない。後ろの座席では娘が車に酔って気持ち悪いと言うし、もう帰るしかないと思うところまで追い詰められていました。

もうちょっと行って、つぎにUターンできるところがあれば、そこから帰ろうと考えました。ところが、夏で晴れていたのに、急に真っ暗になり雷に豪雨で、前が見えなくなってしまった。危ないから車を路肩に止めました。夕立だからすぐに消えるだろうと、やむのを待ったのです。三十分ぐらいでやんだので空気を入れ替えるため、娘は窓を開け、外を見ていました。

「おとう、あそこの納屋の二階で変な外人が手を振っているよ」と言うので「ええ?」と思いそっちを見たら、神父様だった。あのとき雷が鳴り土砂降りにならなかったら、そのまま走り過ぎていました。それがちゃんとそこで止めてもらったのです。

「神父様、すみません、とつぜん来てしまいました」と言ったら、「いや、わかってましたから、どうぞ」と……そこまでの記憶はある。

ところが、それ以降の記憶がなくなっているのです。なくなっている、という事実の記憶すら僕にはなかったのです。ところが、例のコーチによって僕がスイッチを見つけて、合気ができるようになってきた頃に、ふっと思い出しました。

あ、あのとき土砂降りになって車を止め、神父さんがいるとわかって、びしょびしょになった道を運動靴でチャバチャバチャバチャバと駆けて神父さんのところへ行き、納屋の二階に上がる梯子みたいな急な階段を昇っていった。そこで神父さんが自らお茶を入れてくれた。シスターは誰もいなかった。そんな記憶が甦ってきたのです。

そんな記憶、いままでなかったことだから急に心配になって、なぜか僕は上の娘に電話したのです。「スペイン人の神父さんのところに行ったときのことを、覚えているか」と聞いたら「なに言ってんの、それ妹じゃん」「えー！」そのときまで僕は記憶が混乱していたのです。「そうか…じゃ、妹に電話かけてみる」と言って妹にかけたら、「ああ、そうだよ。へ？　あんなこと忘れてるの？」と言うから、「いやー急な階段を上がって、神父さんがお茶を入れてくれたことは覚えているんだけど、その後はまだ思い出せない。なにしてた？」と聞いたら、「へーどうしてあれを覚えてないの？」とか言うので「教えろ！」と。

娘はすぐ近くで見ていただけで、娘は外国語は英語だとしか思わないのですが、神父様は英語はしゃべれない。スペイン語かフランス語かのどっちか。この前はシスターがいたので、スペイン語から日本語に、日本語がちょっとおぼつかないときは、フランス語に翻訳してくれていました。今回はシスターはいない。でも二人でものすごい顔して真剣に話していたそうだから、おそらくフランス語だと思います。

じゃ、どんなことやってたのと聞いたら、真剣に話しながら、ときどき神父様が何故か立って僕の後ろにきて、しかし僕はそれにほとんど気づきもしないで前を向いたままだった、と。そういう不思議なことを言われた。時間にしてどれくらいいたのかと聞いたら、一時間以上いたという。その記憶が完全に抜けていました。お茶が出たところまではやっと覚えているのですが、それ以後は娘に言われて状況を想像しているだけで、まだ記憶に出てこないのです。

その話はあまりにも不思議なので、沼波さんに電話して、こんなことがあったと下の娘が言うのだけどと聞いたら、彼は驚いて、二階の居室にはお世話をしているスペイン人のシスターはおろか、他の神父やお客さんは一度も入れたことはない。神父様をお見送りに行ってるから彼は狭い階段のことは知ってるが、そこから先は誰も知らない。「あそこに入れたんですか、それは絶対にあり得ないことです。隠遁生活をなさる神父様があそこに入れるということは、よっぽどのことです」と言われて、「それが、思い出せないのです」と言ったら「あ、それは実はこういうのがあるのです」と教えてくれました。

彼は神学科を出ているから、実はキリスト教のカトリックの神父とか修道士とかが、非常に重要なことを伝えるときのやり方として「伝えて、その記憶を消す」という方法があると知っていたのです。ある技法を使って。その記憶が必要になったとき、出てくるのです。必要な状況に置かれたときに自動的に解凍されるように出てくるものなのです。そうしておかないと、本当に伝えたいことが第三者に漏れることが多い、とのことでした。神学の中にいろんな分野があるけれど、そのうちでそういう秘伝の伝授法を聞いたことがある、と沼波さんが教えてくれました。

だから、神父さんが僕に、一時間以上かけてなにかをお伝えになったが、お茶を入れてくれるところまでしか記憶がないのは、それを消されたからだと。そこからの具体的記憶は消されていても、必要な伝授はなされているから、そのことによってできるようになった不思議なことがあるはずですよ、と彼は言うのです。

ちょうど、女子大生のコーチによって合気ができるようになった頃だったから、あー、これってひょっとすると、あの神父が伝えてくれたキリストの活人術、あっという間にレンジャー部隊を倒す、その技法か……とわかりました。

先輩がやって見せてくれたことに始まり、拳法家とやりつつ、徐々に徐々に後頭部下部あたりが動くことができるようになり、ついにはコーチ、モニターがつくようになってできるようになった。そうして、活人術で伝えられた技術だけが甦ってきたのです。状況は消されているのだけど、それでも神父さんの居室に入ったとかがやっと記憶に甦ってきたのです、ちょうどその頃に。

キリストの活人術

浜口・それで「キリストの活人術」という言い方が登場してくるわけですね。

保江・そう。授かったのはこれに違いないと。それと、最近やっとその本来の技法が出てきたんだけど……。

浜口・是非ともお聞かせ下さい。

保江・去年、柔道よりももっと現実的というか実戦的な技で、こっちが両手を縛られたり、両足を縛られたり、引きずられたりした状態から、如何にして機関銃を構えている相手を倒すか……という映像が、ふっと出てくる。それちょっと面白いから道場でやらせてくれといってやったら、ものすごい効果がありました。

ＢＢ弾を撃てる模型のエアガンの自動小銃とかを持ってきて、テロリストだと思って銃を構えてもらい、こっちはホールドアップした状態にしました。銃を向けられた状態からどうやって相手を倒すのか。するとそういう場面の映像が出てくるのです。出てきたらやってみたいと思い、やるんだけど、うまい具合に身体が動くのです。で、あっという間に相手を制圧してしまいました。

実は去年の暮れに、岡山の道場で稽古納めのときに、それをやったのです。みんなは最初はなにが始まるのかいぶかっていたのですが、最後は納得してみんなできるようになったのです。

スペインのモンセラート修道院に神父様がいらっしゃった頃、スペインは内戦状態でした。いまもご存知カタルーニャ地方は独立の機運がありますが、当時は内戦状態でした。だからホント、命がかかった状況で戦っていたので、活人術も実際には機関銃を構えられたときにこうするとか、これから処刑場に引きずり込まれるときにはどうするといった、ものすごい具体的なものだったのです。

柔道の捨て身技、巴投げに近い技もあるのだけど、あんなまやさしいもんじゃありません。確実に顔面から地面に叩きつける……など、どんどん映像が甦ってくる。甦ってきた技を忘れないうちにと思って、去年の暮れに全部ビデオを撮って残しておきました。実は活人術は、愛でスイッチを切って相手を崩して……と、その後、殺すのです。内紛状態だから。そういうところまでいってて——これじゃいけない、キリスト者として。そんなものを戦争の道具に使って……というわけで、神父様に「日本に行け」となったのです。

だから、マルコ神父と二人だけでやっていたのですが、一方が日本に行っちゃったので、マルコ神父もその技をすることもなくなり、モンセラートではその技は消滅したのです。日本に来た神父様も日本では具体的には、その技は一切していない。それを、ふらふらと二回目にやってきた私に、その秘伝のやり方を教えて下さった——その技が必要なときに出てくるのです、確かに。

浜口・うーん、キリストの活人術。するとますます我々は修得不可能になりますね。まずモニターがいない、神父様からの伝授がなされていない、だから形だけをまねる以外手がない。

保江・そう。それでも、モニターさえあれば、トライ・アンド・エラーで後頭部下部あたりをいろいろ動かしてみれば、わかります。いまもいちばんいてほしいのは、そのモニター。そのときの学生は、いまは三十ちょっとだろうから、結婚していて子供もいるかもしれないですが、まだ彼女にその能力が残っていたら、彼女を説き伏せて、そしたら自分でトライ・アンド・エラーで後頭部のこのあたりを動かしてやってみる……。「あー、浜口さん、いまできてたよ、それそれ！」

浜口・「えーー！」

保江・それです。

浜口・「えー！」

保江・わかるのですよ、僕は。自分でやっているから。

浜口・見えるとかではなく……。

保江・見えないけどわかるのです、できたかどうか、わかる、わかる。だからある程度僕が「あ、浜口さん、いまできてるよ」とかで、そのときの感覚でいろいろやる。それで、たぶんできるのです。ただ効率は悪い、その子のモニターでやるよりは。

浜口・しかし、そこまでのことを聞いた上でなら、私がなにかやって、「それだよ」と言われたらこちらは納得がいきます。

保江・はいはい。

浜口・これは自分はいま正しいことをしたんだ。これを目指せばいい、と。

でも、いまから十年前に保江先生から「できてるよ」といわれても、理解できなかったと思います。自分が何をやっているか認識できない上に意味もまったく不明なのですから。

保江・でも考えてごらんよ。僕が先輩のとこへ行ったのが、いまから十一年前、だから僕は五十代半ば、五十六。そのときになってやっと気づいてできるようになったわけで、そこから道場を始めたわけです。だから浜口さん、いま六十？　だったら六十でここまでできているのだから、御の字ですよ。
浜口・ちょっとわかってきた……という程度ですが。
保江・御の字、御の字！　大多数の人は、わからずに死ぬのだから。
浜口・そうですね。
いやー、これまでの疑問がすべて解決された気分です。
保江・よかった、よかった。しかもできるようになってるから。できるようになったから、わかるようになった。
浜口・それはあると思いますね。聞いていても、納得できてしまう。
保江・この後頭部の感覚の操作ができない人であれば、まだわからないですよ、聞いても。
浜口・あー、ありがとうございますホントに。なるほどー。
保江・だから、浜口流の身体合気と言いつつ、実はもう愛魂になっているのです、眞法合気に。
浜口・私が道場で教えていて、皆さんできたり、できなかったりするんですが、ある人が言うには浜口さんは最初からなにかが違う、と言うんです。そんなことはない、僕のやりかたが精確なだけ、と思っているのですが……。
保江・違うのです。このスイッチを切った上で、メソッドをやっているのです。
浜口・それは効きますね。

保江・そう。だからエスタニスラウ神父様がスペインのモンセラートでやっていたことは、実際には対テロリスト、対軍人相手にそういうことまでする、だから身体技法的には危険で、すごい技術的なことなんだけれど、それをここのスイッチを切ってやる、スイッチ操作をやってからやるからすごいことになるのです。だってスペイン陸軍のレンジャー部隊って精鋭部隊なのです。それが十人二十人、二人を取り囲むのを、全員倒してしまう。こんなのあり得ないわけです。

後頭部の表情

保江・ところで、野にいる、一般の人のなかで、オーラが見える人がときどきいると思う。うそで見えると言っている人もいるでしょうが。

浜口・昔、私が三十代で合気道に通っていた頃に、私と師範ともう一人いて、その方は「気が見える」と言っていました。「浜口さんは気が出ていますねー」などと言うのです。師範からは気が出てないそうです。(笑)

その人は、見えたままを言っている。なにかが見えているのでしょうね。

保江・もしその人がウソで言うのなら「師範からはものすごく出ています」と言うはずです。

浜口・だから、見える人が現実にいる。

保江・だからうまくそういう人に当たって、その人をモニターにして、「後頭部の表情」を鍛えることができればいい。

「後頭部の表情」というのがいちばんいい表現かな。顔の表情、前側の表情は変えられる。

浜口・表情筋もある。

保江・そうそう。だから表の表情は心を読むと伝えられています。裏の表情は魂を伝えるとも。

浜口・後頭部の表情、あるいは後頭部の表情筋を動かす。

保江・そう。

ちょっと雑談。

昔の日本の侍が、頭のここを剃って髪の毛をグーッと絞り、丁髷《ちょんまげ》を結う。

浜口・そんなことしたら、ものすごく後頭部が気になるんじゃないでしょうか。

保江・でしょう？　あれってなんかあるんじゃない？　裏の表情を、眞法合気を使うのに最適な髪形を整える。

浜口・緊張とか意識を集中させるためかもしれない。

保江・そう。だって農民なんかそんなことしてない。侍だけだから。

浜口・さらに頭頂を剃りますよね。月代《さかやき》。確かに年を取るとだんだん薄くなるので、薄くなった人にとって、適切な髪形なのでしょう。それ以外にもここ後頭部に緊張感を持たせる意味合いはあるかもしれませんね。なるほど。

保江・それに日本の処刑・切腹もフランスのギロチンも後頭部を斬る。後頭部から斬るのはここにスイッチがあるのと、またオーラの見える女子大生が言うのに、僕の紫色のオーラは、後頭部からスーと行って、相手の後頭部のほうに侵入するんだって。先輩が松井館長に肩をさわって見せてくれたとき、館長の後頭部あたりにも、ふっとさわることもある。だからこの対談が本になったとき、例のかつての女子大生が目にしてくれて、まだその能力があるならば……。

浜口・是非名のってもらって……。

保江・彼女に、お母さんとかおばあちゃんに同じ能力あるのかと聞いたら、ないという。じゃ、なんでこんな能力に気づいたのと聞いたことがあります。

すると、高校生になっていじめのようなことで、登校拒否になった。ずーっと部屋にこもっていたそうです。そうするうちに、人を見ると背後になにか見えるようになった。そんなもの見たくもないので、いやだったそうです。たとえば母親が怒っているのが、背後を見るとわかる。オーラがなくっても怒られるのはいやなのに、オーラが見えるとなおいやだった。

その後、受験勉強しなきゃいけなくなっても、オーラが見えると邪魔になる、気が散って。そこでオーラを見えなくする方法をいろいろ試したそうです。高校三年の冬にやっと見つけて、そのスイッチを入れて普通なら見えないようになって、やっと大学に入る頃までには普通の友達付き合いができるようになったのです。大学に入っても親友にしかそんなことは言ってなかったし、いつもはオーラを見えなくしていたそうです。

ところが親友が合気道部に入って、おもしろいから見にこいとしきりに誘われます。おもしろい技をやるそうなので、ついでにオーラを見ておこうと思い、そのモードにしていたところ、僕のオーラが見え、「こわー」となったわけです。

だからその子がオーラが見えないようにしていたらなにもなかったろうし、その子にそんな能力があることも、僕は気づかなかった。

浜口・つまり、何重にも幸運が重なっているんですね。

保江・そうです。こんな話を聞いて、眞法合気はこんなもんだと納得して下さる方はそれでいいんですが、俺もこの眞法合気を使えるようにしたいという人にとっては、ホントにハードルが高いんだと……。

浜口・ほぼ不可能では？

保江・ほぼ不可能。でも、浜口さんも言っているように、どこかにオーラの見える特殊能力を持った人がいるのだから、信頼できるそういう人を探してきて、その人に見てもらいながら、トライ・アンド・エラーを重ねれば、決して不可能じゃない。

第三部　素領域理論による合気完全解明

物理学とオーラ

浜口・第二部のお話で、我々門人が疑問に思っていたことについては、ほとんどお話いただけたと私は思っています。また逆に私が聞かれたら、保江先生が始められた冠光寺流合気はこういうことだったよ、とかなりのことは語れるようになりました。そこまで教えてもらって感謝しております。

それともう一点、物理学にシフトしていきたいことがあります。今回の対談の売りは、物理学なので、そうするとオーラが見えるとはなにか。これについては一言も議論していません。

我々は視覚で物を見ていますが、その波長の範囲は可視光線の範囲です。ところが動物によっては赤外線が見えたり紫外線が見えたりします。すると我々人類もたまに遺伝子の都合で、赤外線が見えたり紫外線が見えたりしても不思議はないかもしれません。

次にオーラですが、私が思うのに、一つの仮説ですが、オーラが見える人というのはたぶん赤外線が見えているのだと思います。そうするとオーラが人を包むように見えているというのは、要するに人の体温によって周囲の空気が温められますが、我々可視光線しか見えない者には空気は見えません。ところが赤外線がもし見えたら、その人にとっては、温度の高い空気は見えるはずです。我々には想像できないある色が見えている、ということがあってもそれはウソではないし、物理学的にも不思議でもオカルトでもない。そう思うわけです。

次にオーラが動く、ということについては人の体温が変化して上昇気流が起きると、空気が移動する。それを見たとしたら、なにかオーラが広がっていくとか、漂っていくとかいうものが見えるに違いない。それを、技を受けている相手のほうが変な緊張などしたとき、やはり体温が変化する。とするとその人の周囲の温度が変化して、空気の動きが起こる。そういうものを特殊能力の人が見ていたら、まさになにか包むものが特殊な色に見えていて、それが動くように見えていても不思議はない。だから一概にウソではないと思うし、たぶん赤外線が見えているのではないか、というのがいまの一つの仮説です。

保江・それもあり得るのだけれども、一つ言うと、浜口さんよくご存じでしょう。あの僕の岡山の道場、夏四十度になり暑い。天井に近づけば近づくほど五十度くらいになる。その環境で、いまの赤外線の話をしたら、上のほうにものすごいものが見えているはずですが、見えていない。

浜口・とすれば、なにを見ているんでしょうか。

保江・そう。だから解明するためにはそれも説明しなければならない、物理学で。といって赤外線とか遠赤外線で見ているとか、温度変化だけを見ているとかよりももっと別のものをなんらか見る方法があるはずです。

我々の視覚は通常は可視光線の波長の範囲でしか見えていない。色だと、ここは緑、ここは赤、ここは青といった色の部分では色の波長で区別できるんだけど、我々が意識の中で、この赤、この緑と思っているものは現実的世界、物理学的世界にはないのです。波長の違いはある。しかしこの緑が浜口さんにとってどう見えているかは誰にもわからない。僕の目にどう見えているかも、誰もわからない。教育による共通言語で、緑とか赤と言っているだけ。僕の見ている緑が浜口さんの見ている緑と同じ印象かどうか、一生比べられない、絶対わからない。有名なクオリアの問題ですね。

文明を遡れば遡るほど、色分布、色分けは単純になっていきます。いまの人達が緑とか青と呼んでいるものは、平安時代は全部「青」だった。何故かというと、平安時代の日本人には青も緑も全部同じ一色にしか見えていなかったのです。だから青信号と言うのですが、あれは緑色でしょう。遣唐使が乗っていた船は「赤」だった。当時は茶色も「赤」と言っていた。だから木で造られた船は、全部「赤」だったのです。

ということを考えていくと、文明が進めば進むほど、色の印象は細かく何万種類にも分類できるようになっていくのですが、それってこの物理世界にはないものです。反射光の波長の違いはあっても、それは波長の違いとしてとらえられるものにすぎないもので、それに対して我々人間が意識と称するものの中で、この色の印象を与えているだけ。全部分類して、世界を創って見せている、自分で。

だから生まれつき色覚異常の人達は、我々が白黒と思っているよりも、もっとなにもない世界を見ているわけです。さらに人間以外のものにとっては、そもそも色なんて概念はなくて、ただただ反射光の濃淡だけ。そういう世界なのです。
だから、文化によって色が付けられるかのように、もっと文明が進めば、オーラまでも感情とか意識・認識の中に取り込んで……。

浜口・……表現されれば、言葉が整理されれば、たぶん共通認識になる、とは思います。

保江・そう。だからいまのところは、ごく少数なのです。そこまでできる人は。

浜口・私も合気の練習で、こうですと教えたとき、人はよく「浜口さん、それはたぶんこういうことでは……」と言語化しようとします。私はそれを「やめて」と言います。言語化しちゃいけない、この感覚として覚えて下さい、と言う。表現する言葉がないので、「いま私がなにかをやるので、どう感じたか、その感覚で覚えて下さい」とやる。
だから今後文明が進み、表現がより豊かになれば、いま我々にない言葉の概念が言語化され、それが皆さんの共通認識になるのではないでしょうか。

保江・そのときは全員がそれをたぶん見えている。
ところで、年寄りのお医者さんで、患者を見ただけで、どこが悪いか言い当てる人が何人かいます。医者全員がそうじゃない。でもその人は何かを見ているわけです。言語化できないけれども。だからやっぱりあるんじゃないのですか、そういうなにかが。

浜口・我々がそれを表す言葉を持たないので、まだないことになっている、というのはあると思います。

保江・そうそう。

いまのところ、オーラとかはスピリチュアル系の人達が信じている特殊用語で、大多数の人はいかさまだと思っているから、そんなものは存在しないことになっている。けれども、だんだんこれが広がってくると、あるときすべての人にとって、その存在があたりまえになり、そこを利用して病気の治療とか診断とかができる日がくるかもしれない。そういう希望的な見方を僕は持っています。そこは浜口さんも共通していると思うのですが。

浜口・私もそう思うのですが、うかつには信じないよ、という姿勢は持っています。

保江・もちろん。世の中、それを商売にしてだます人が多いですからね。うかつに信じてあとでネタがばれたとき立場がなくなるから、慎重にしておかねばなりません。

浜口・なにか波長の違うものが見えているのかもしれない。まったく説明不可能ではないとは思います。

素領域理論

保江・東京道場にいる門人が密かに教えてくれたことですが、彼の親友、年の頃は四十過ぎでしょうか、その彼は子どものころからずーっと引きこもりで、外に出られない。仕方ないから友達が遊びに行ってやるのだそうです。その子はともかくなんでも曲げる、金属を。スプーンのように腕力で曲がるものだけじゃない。腕力で簡単に曲がらないものをも簡単に曲げるのです。あるとき、みんなで曲げて遊んでいるとき、「お前、見なくても曲げられるか」と言ったら、「わかんない、やってみよう」と言って目隠しをして友達がいろんなものを持たせたのです。すると、見てないで持っただけで曲がる。「アー曲がった、曲がった」と言っていろんなもので楽しんでいた。そのときだれかが間違えて、鉛筆を渡しちゃった。それを渡されて持ったら、あの鉛筆がぐにゃっと曲がったのです。それを目撃した門人が言うのに、「鉄でできたスプーンとかお玉杓子とか、金属が曲がったのを見てもそんなに驚かないけど、あの鉛筆がぐにゃっとなったのを見たら、みんなゾッとした」そうです。

「へー！　なんだこれ！」と皆が言ったから、本人は目隠しを取った。ぐにゃと曲がった鉛筆を見た本人が「なに、これ！」と思った瞬間、パリーンと割れたのです。鉛筆の木のところは炭素、芯のところも炭素。いずれも曲がるという状態はあり得ない、物理学的に。ところが彼の精神状態が正常にもどった瞬間に、木っ端みじんに砕けたのです。もどるんじゃなく、砕けた。

それを聞いて、僕がひらめいたのは、素領域理論でしか説明できない、ということです。

浜口・超能力の解明にも使えるということでしょうか……？

保江・そう。そういうことで、これから、素領域理論のほうに話を持っていきたいと思います。

鉛筆がぐにゃりと曲がる。その話を聞いたとき、鉄とかアルミとか他の金属で作られたものが曲がるというのであれば、原子配列等がそれなりの物理法則の作用によって曲がるのは本当です。それはいいとして、鉛筆という物体の炭素の原子配列からは、ぐにゃりと曲がることなどあり得ないわけです。しかもその超能力者がそれを見て驚いて正常にもどった瞬間、曲がったものがもどるのではなくて、木っ端みじんに粉砕されてしまった。粉砕されたということは、彼の精神状態が正常にもどったときに曲がるという状態はこの世では存在してはならないため、ゆっくりもどるといったレベルではなくて、粉砕された状態に落ち込むわけです。これを聞いたとき、物理学者としてこれをどういうふうに理解するだろうか考えてみました。

もちろん最初からそんなバカなことはないよ、と否定し続けるのが一つの方法だけど、げんに信頼できる人がそれを見た、と言っているわけです。これに対して、こじつけであっても、いちおうこういうことが起きている可能性があると物理学者として言ってあげたい。そのとき、例えば量子力学を使って説明すればするほど、それはあり得ない現象だという結論になります。粉砕はされるけど曲がりはしない、という一方の見解にはなるが、実際に曲がっているということが前提です。ですから、これを説明するのに量子力学ではだめ。じゃ、これを物理学者として説明する方法は他にはない、というのが通常の考えになります。

けれど実は僕は、湯川秀樹先生が、一九六二年頃に提出された「素領域理論」というのを京都の大学院にいたときに研究していたのです。指導教官も先輩達も、周囲の教授達もみんな猛反対で、「そんなバカみたいなことをやってたら、飯食えないぞ」と忠告してくれる。僕からすれば脅しとしか取れなかったのですが。当時湯川先生は定年で大学をおやめになっていたけれど、月に一回くらいはふらりと基礎物理学研究所に、車椅子で来られていた。そんな時代で、湯川門下の先生方が「そんなバカげたことを言うな」というほど、その理論はきらわれていました。

浜口・当時、繰り込み理論で……。

保江・そう、朝永振一郎先生の繰り込み理論で、量子電磁力学は完成し、説明がつく、と。次に、弱い力とか強い力にも同じような場の量子論で、繰り込みは使えないけれど、他の方法でなんとか……というちょうどその頃でした。

そもそも湯川先生の中間子理論というのは、場の量子論を初めて中間子という具体的なものに応用したすごい理論です。わずか四ページくらいの論文です。数式が四つか五つのもので、これなら俺でも書けちゃう（笑）、あれでノーベル賞だから湯川先生ラッキーだとずっと思っていたわけです。

その湯川先生も直門のお弟子さんである梅沢博臣先生が場の量子論について完璧に開拓し、また同じくお弟子さんの高橋康先生も繰り込み理論のWard-高橋の恒等式を見つけました。そしてとことん場の量子論を、湯川先生ともども追及していたわけです。

その上で、やっぱりだめだ、と。繰り込み理論は、計算していったら発散してしまうのだけど、実際の計測された質量に置き換えちゃうという離れ業で、いちおう治まっていました。けれどもそれも、もう使えないというところまで行ったとき、どうするか。場の量子論のいちばんの難点は、空間が連続的に無限に広がっているという素朴な空間描像を使っているかぎり、積分を計算したら必ずとんでもない発散量になるわけです。例えば電磁場なら電磁場の定在波がどれだけ許されるか、その運動量、周波数、それもまた連続的にいろんなスペクトルが可能になるのです。それを寄せ集めるととんでもない発散量になる。

それらをすべて根本的に見直すには、空間が連続的にノペーと広がっていることにまず疑問を投げかけなきゃいけない、と湯川先生がまずお気づきになった。それは人類史上二番目らしい。一番はゴットフリート・リーマン。彼がゲッチンゲン大学で、講師になるための試験のような講演があって、その中で広大な宇宙のような空間では、まっすぐという感覚は捨てなければならない、つまり曲がっている、と初めて言及したのです。それで一般相対性理論を予言したとも言われています。

次に、ミクロの世界に入っていくと、空間は連続があたりまえと我々は思っているが、それが離散的になるのじゃないかとまで、リーマンは言っていた。それを湯川先生がお読みになったかどうかは知らないのですが、湯川先生は極小の世界に行けば行くほど空間は連続じゃなくなると考えておられた。ただし、場の量子論を形式的に格子状にぶち切る格子場の理論というのがあるが、あれは単なる積分の下限をゼロにしないための便宜にすぎない。我々のこの空間の微細なところまで行くと、ユークリッド空間のような連続性の保証はない、と湯川先生は考えられた。

そこで、空間の最小単位というのを考えて、それを「素領域」と名付けられたわけです。湯川先生が、黒板に描かれたのは、いくつもの「○」ばかり。それで当時のお弟子さん達はこれを「湯川のマル」と呼んでいたのです。このマルそれぞれが素領域と呼ばれるもので、この素領域が集まったものが我々の空間に他ならない。素領域と素領域の間のことは、なにもおっしゃらなかった。そこはなにもないというか……ともかく現実世界の空間の最小単位がこの素領域というわけです。

湯川先生は、素粒子というのは、一つの素領域の中に存在するエネルギー形態だと考えました。そうすると素粒子の大きさというのは、素領域の大きさとほぼ同じになります。エネルギーというのはその素領域の中に存在するとしか言えなくて、素領域の内部構造なんか言わないから、素粒子というのは素領域の大きさよりも小さくなり得ないし、大きくもなり得ない。また接近しても最大限隣同士の素領域までしか行けないことになります。素領域と素領域がとびとびに離れているので、重なることはない。そうするとあの積分も、積分の下限を処理しなくていいわけです。

そういう理論で湯川先生は、場の量子論の相互作用の積分計算が発散するのを回避できるのではと考えられたのです。

それから新しい素粒子というのが当時いくつか発見されていて、どんどんどんどん増えていっていました。本当は単純なものの組み合わせでこの世界を説明したいのに、複雑なもので複雑な世界を説明しなきゃいけないことになっていったわけです。

素粒子のほうに複雑性が生まれてくるのは、素粒子というのが基本じゃなくて、素領域のほうにさまざまな領域の形状なり内部構造なりがあるために、個性があって、それが素粒子に反映していると考えられます。そうなると、我々は素粒子しか見えないし、測定できないので素粒子は結果的に複雑な顔を見せることになるわけです。

当時の素粒子論がかかえていた問題点の両方の問題を一挙にこの素領域理論で解消できると湯川先生は考えて、黒板にいつもマルを描いて説明されていた。お弟子さん達は「湯川のマル」と言っていたが、本気には聞いていなかったようです。あまりに素朴すぎるから。

我々素粒子でできた物質、これが空間の中で動くというのは、どこか別の素領域に移っていくこと、飛び移っていくことに他なりません。これが空間の中を素粒子が運動している、ということになるのです。ここで湯川先生は、李白の詩を引用されました。「夫れ天地は萬物の逆旅にして光陰は百代の過客なり」つまり、天地は万物を迎え入れる宿のようなもの、時の流れは永遠の旅人のようなもの……。

ここでは、素領域が旅籠、ホテル、宿屋。その宿屋から宿屋に旅行して回っている旅人のようなもの、それが素粒子、物質になります。それで、晩年湯川先生は『旅人』という随筆を書き残された。当時、お弟子さん達もまた他の物理学者も、なに、それ……という反応でした。あまりにも素朴で、評判が悪かったのです。ただ当時の新聞は飛びついて、スワ、第二のノーベル賞か、と。

浜口・素領域理論という名前は有名ですよね。

保江・そう、名前は一般には有名。でも京都大学の中でも、こんなバカなことを研究していると、メシ食えないぞ、と指導教官が言う時代になっていました、既に。一九七〇年過ぎの時点では誰も話題にもしなかった。でも僕は、当時なぜか引かれたのです。たまたまリーマンのゲッチンゲン大学での……。

浜口・『幾何学の基礎をなす仮説について』

保江・そう、よくご存じですね。あれ、翻訳されたのを持っていたのです。僕の愛読書だった。それを湯川先生が再現しているのかと思い、僕としては素領域理論が気に入っていました。だからいつか自分もこれを研究してみたいと思っていたのです。

幼稚なイメージだとはいえ、あの湯川秀樹先生が晩年にしつこくこれを研究された。先生の耳にも批判は入っていたはずにもかかわらず。だから、とにかくこれをやろう、と僕は思いました。

なぜ湯川先生のこの理論があまり評価されなかったかというと、この理論の存在理由自体、みんなよくわかっていなかったからです。相互作用からくる無限大が消せるとかいった具体的な計算をしたことはない。アイデアだけだったのです。名古屋大学の高林武彦先生だけが、素領域が球体だとしたら、あるいはこういう形状だったとしたら、どういうスピノール構造が出てきて、素粒子の内部変数としてこういうものが出てくる、というそのあたりのことは具体的に研究されてはいました。だけど、場の量子論とこれを両方組み合わせることによって積分の発散が抑えられるとかの研究は一切されていなかったのです。

この素朴な描像を空間構造として表す数学がまだなかったのでそういう研究はなかったのです、当時。それに僕が気づいて、この素領域という空間構造を基にすればここまでは言える、ということを少しでも導いて差し上げたら、世の中も納得するんじゃないかと思い、大学院でいろいろ計算をやってみました。具体的になにを出すかというと、この素領域の大きさがゼロになる極限、素領域と素領域の間もゼロになる極限、つまり連続な空間のイメージになる極限においてはこうなるよ、ということを示しておけば、まずいいだろうと思いました。

素領域から素領域にポンポンと素粒子が飛び移る、これをその極限——素領域が極限まで小さくなり、連続的に素領域同士くっついてノペーとした連続なユークリッド空間のようなところで、素粒子が運動をしている——のところに持ち込むと、この素粒子の運動はどのようなものになるか、というのをちょっとやってみたわけです。単なる計算で。そのとき、離散的なイメージのままだと、隣の素領域に次々飛び移っているのは、酔っ払いが次々に店から店へのランダムウォーク（酔歩）をするようで、それを確率論で調べればなんとかなるのでは、と思ったわけです。酔歩の数学の研究はうなるほどあったから、図書館に行って、確率過程論の論文などを軒並調べました。自分で考えたってできるわけないので、決まった理論があればそれを使えばいい。そういう世界では、最初は格子点から格子点へポンポンポンポンポン移るのを連続的にしていったら、こうなるよ、とか教えてくれるものがいっぱい書いてありました。それを利用して、連続な極限でどうなるかを調べたら、いちおう、シュレーディンガー方程式で記述できるということがわかったのです。

シュレーディンガー方程式の解である波動関数ψの絶対値の二乗が、素粒子がそこに存在する確率密度を与えるということまで、出てくるのです。つまり量子力学においては、シュレーディンガーがひらめいて導き出したあの方程式があります。一方、シュレーディンガーは納得していなかったけれど、その後マックス・ボルンによって波動関数の確率解釈が提案されます。波動関数ψの絶対値の二乗が素粒子がそこに存在する確率密度を与えるというやつで、それはボルンの解釈なだけだけど、素領域理論の酔っ払いの運動だと思って当てはめていくと、それは解釈じゃなく論理的に導かれた事実になったのです。確率論の定式化に従ってやっていくとそうなったわけです。

つまりボルンの確率解釈も導き出せたし、一九二五年のクリスマスにシュレーディンガーがひらめいたあの万程式も、実は、この素領域の間をとびとびに飛び移っていくエネルギーが素粒子だとして、その素領域の大きさがゼロになる極限で、素領域と素領域の間隔がゼロになる連続極限に持っていくと、シュレーディンガー方程式によってそのとびとびの素粒子の運動が記述できることが判明したのです。

僕は、これでもうノーベル賞をとったと思いました。だってノーベル賞をとった湯川先生が晩年にひらめかれた素領域理論によって、やはりノーベル賞をとったシュレーディンガーの方程式を導いたんだから。しかも、今回はひらめいたんじゃない、導いたんだから。だから当然こっちのほうが深いわけ、自然界の理解としては。

単に、シュレディンガー方程式で記述できるんですよ、とひらめいたわけじゃない。背後には素領域理論のディスクリートな空間構造があって、だからその間をとびとびに飛び移っていく酔っ払いのような素粒子の運動は、シュレーディンガー方程式で記述できるんですよ、と論理と数式を展開して導いてしまったのです。だから当然深いし、ノーベル賞をとれると思った。それを僕の修士論文にし、その後、英文学術誌 Progress of Theoretical Physics に出したんだけれど、残念ながらなんの反響もない。

でも、僕としてはこれでいいやと思ったのです。だって、いちおう湯川先生が素領域理論を出された意味はこれで示せたのですから。湯川先生が考えた素領域構造というのは、ウソじゃなかったんだ。なぜならそこから出てくるものを、連続極限にもっていけば、いまの量子力学の基礎方程式とその基礎解釈が出てくるんだから。それでこの研究はもうやめることにしたのです、実は。これ以上、これをやっていても、メシ食えないということだし、それに自分もこれで納得してしまった。「わかった！」と思ったら、興味なくなるでしょう？　そしたらちょうど、スイスに行くことになったのです。

浜口・それに類する出版物をどこかで見ました。シュレーディンガー方程式は点粒子を仮定しないで、波動関数が素粒子だという立場をとる。それに対し空間を例えば格子状のものとみなし、そこに点である素粒子が確率過程に従って動くと仮定すると、期待値のようなものがシュレーディンガー方程式を満たす、というような論文を見たことがあります。誰だったか……。

保江・何人かはいらっしゃる。いま早稲田大学で研究室をあげてやっているところもあります。単に素粒子の運動が確率過程だとしたら、シュレーディンガー方程式になる、という人は何人かいました。ただ、僕の理論がいいのは、空間が既にそうなっているから素粒子の運動はそうならざるを得ない、というところにあります。もちろん他の人達の論文を僕も調べていて知っていたし、そういうのも利用させていただきました。ただ、何故確率過程になるのか、というのは素領域理論からしか出てこないのです。

そういうわけで、僕は納得してしまったし、その後スイスに行ったので、もう忘れてしまっていました。僕の中ではけりをつけたわけです。

それから何十年も経って、さっきの鉛筆曲げの話を耳にしたのです。そのとき思ったのは、本当はあってはならないこと、つまり炭素原子が並んでいるのがぐにゃりと曲がるということはあってはならない。でも現にそういう状態が存在しているかもしれないわけです。

炭素を構成している素粒子がクォークであり電子であって、それらはどれも素領域の中に存在しています。炭素原子の配列の場合、それらはぐにゃりと曲がれる構造にはなり得ません。

このとき、ひょっとして、超能力者とかいう人は、素粒子であるエネルギーのほうを左右しているのではなく、背後にある空間を構成している素領域の並び方、背景を左右できるのじゃないかと思いついたのです。

鉛筆のことを説明すると、その人は目をつむっていて鉛筆を手渡されたわけです。彼は異常なモードになっていて、鉛筆を作り上げている炭素原子の配列を曲げた、ぐにゃっと曲がったのです。そのとき彼から見たら、鉛筆を構成している炭素原子やあらゆる素粒子は、彼から見たら曲がってない、正しい配向のまっすぐなままだったのです。ところがそれを乗せている舞台である素領域の分布や配列のほうを彼が曲げたため、曲がった素領域に沿って炭素原子はまっすぐに並んでいたわけです。

ところが目隠しを取って、正常な感覚にもどったら、素領域の背景を捻じ曲げていた力、作用が普通の正常な作用になると、その瞬間素領域が普通の均等な配向にもどります。でも、そのもどりについていけなかった炭素原子がもどれず、粉砕された。

この説明が唯一、超能力者が本当は曲がらない鉛筆を曲げた現象を説明できる唯一の物理学理論だなと思ったのです。それ以外のどんな物理理論を持ってきても、これを説明できない。

久しぶりに思い出した湯川先生の素領域理論は物理学の中で最も自由度のある、懐の深い理論で、かつ、閉じこもった超能力者みたいな人が、なにに働きかけているのかというと、素粒子自体には働きかけられないということは物理学的に正しい考えですが、湯川先生がなにもおっしゃられなかったその背後の素粒子と素粒子の間の部分である背景に彼等が働きかけて、素領域の分布を偏らせる。これが超能力の説明になるのではないでしょうか。

それに気づいて、再たび素領域に対する興味が出てきたので調べてみました。

僕が京都にいた頃は、湯川先生が英語で書かれた素領域の論文二つと、片山泰久先生と共著で出された素領域理論についての論文、高林武彦先生が書かれた素領域理論のもっと具体的なスピノール自由度まで出されたもの、以上しか当時はありませんでした。

そこで湯川先生が書かれた随筆『旅人』や『天才の世界』などを読み始めたのです。そうするとその中に面白いことが書かれていました。旧制三高のときに湯川先生や朝永先生に数学を教えたのは岡潔。その岡先生について湯川先生は、「三高時代に面白い授業はなかった。ただし、岡先生の数学だけは違った」ということを書いていらっしゃる。他にもところどころで岡先生をずいぶん評価されていました。

いっぽう、京大の数学者森毅先生がいろんなところに書いているのをぱらぱら読んでいたときに、彼は、湯川先生は天才だ、天才は秀才と違う、従って計算はよく間違える、と書いていました。

湯川先生と朝永先生がノーベル賞をとってからは、物理学は京都大学がトップだというわけで、浜口さんもそうだけど日本中から優秀な学生が集まってきていました。森先生によると、湯川先生が彼等を前に、授業で黒板に計算を展開しているとき、学生のほうが頭いいから、「先生、そこ違っています」と指摘するそうです。すると湯川先生、「えっ?」と言って最初から計算し直すのですが、違っている箇所がわからない。立ち往生して、「ちょっと待っていろ」といって教室を出て、岡先生を連れてくる。

当時岡先生は京大にいたのです。例の事件、奈良女子大でできの悪い生徒に冗談で「裸になって立っていろ」と言ったら、本当に裸で立った事件。いまだったらセクハラですぐアウトだけど、当時も世間はいろいろ言うけれど、クビにまではならなかった。湯川先生は、恩師の困られている様子を見て、「ほとぼりがさめるまで、京大に来て教えて下さい」と岡先生を招聘されたのです、一年間ぐらい。岡先生は京都に来ても教えたりする義務はない。だから湯川先生は、岡先生の研究室に行って呼んできて、「学生が俺の式間違っていると言うが、どこが間違っていますか」と聞くと、岡先生は式をずっと見て「あ、ここ違う」と言って直されたとか。そんな話を森毅先生が新聞の随筆に書いていました。

その頃湯川先生はほとんどの時間を、岡先生と過ごしておられ、いろんな相談、数学的な研究などを話しておられたそうだから、僕は岡先生に興味を持って、岡先生の随筆を読んでみました。そうしたら湯川先生と同じことを言っておられる。素領域とは言わないで、「この世界は愛でできている」という表現だったのですが。いたるところに愛があって、その愛は情緒で動くんだという。だから情緒をもってすれば、この世界を変えられるんだ、そんなことが岡思想の中にある。だから岡先生が湯川先生にそんなことを伝えていたと思うのです。

それを聞いて湯川先生もなるほどと思われ、愛とは言えないから、素粒子に対応する空間領域のいちばんの元を素領域と名付けて定式化しようとされたのではないでしょうか。この空間は「愛」からできているという岡先生のイメージを……。

浜口・もう少し抵抗の少ない表現に言い変えられた?

保江・そう。素領域に託された。そういうふうに始まったわけであまりに素朴なイメージだから、物理学者には評判が悪かった。

でも、岡潔の多変数複素関数論とかすごい数学の業績のほとんどは、一週間ぐらい意識を失って数学的真理の世界に行って、そこでいろんな定理とかを見てきてもどってきて、覚えているうちに寝床でレポート用紙にどんどん書いていき、結局あの大理論を一人で作り上げたわけです。ご家族が言うに、寝床でぜんぜん意識がないし、でもたぶんそのうちもどるんだろうとほっといたら、すごい定理を見てきて書いたとか。

その岡先生が空間は愛でできていて、その愛は情緒で変化するのだとおっしゃるのですが、たぶんそれも意識を失ったときに見てきたのではないでしょうか。数学的真理ではなく、物理学的真理として実態はそうだと見てきたのではないでしょうか。それを湯川先生は物理学者に理解できる「素領域理論」の形に言い換えたとしても、岡潔の情緒で愛に作用させることができるという部分は、湯川先生はさすがに使わなかった。霊能力者とか超能力者のそれは、情緒みたいなものです。その情緒で愛に作用させる、つまり素領域の側に作用させる。つまり素領域の分布を偏らせたり、愛を固まらせたりとか。そうすると見えてきた――超能力者が素領域の側の分布を変えるということが。それで鉛筆が曲がるのです。

そのときふとひらめきました。鉛筆すら曲げられる超能力者がやってることと、僕が眞法合気と称してやってることとは、同じことではないか、と。だとすればこの素領域理論を使うと、どう説明できるようになるのか？

さっきカミングアウトした、後頭部の表情を変えるという方法で、当時コーチしてくれていた女子大生が見たオーラというものは、ひょっとして素領域の分布が見えていたのではないか、と。

浜口・なるほど。

保江・だから筋肉を動かして後頭部の表情を変えるということは、実は岡潔のいう情緒の部分で、舞台である素領域のほうをなんらか変化を及ぼして、順次伝わっていって相手の側の素領域と連携することで、その素領域のほうを自在に操るスイッチになっていたのです。その素領域を座布団だと思えば、その座布団の上に乗っている相手の身体のパーツは自在に動かせることになります。相手の意志とかとは無関係に崩れて倒れるわけです。そこまで説明できるようになります。だからやっぱり眞法合気は、超能力なのです、言ってしまえば。

だからといって、物理に反しているわけではなくて、この素領域理論を使うかぎりにおいては、素領域の外側のところまで考えれば——素領域の分布も情緒で動かすことも可能だという岡潔の考えを使えば——僕はこれでもう眞法合気は全部説明できたと思うのです。これ以外に、僕の眞法合気を説明できる物理理論はないのですから。

パウリとユングが量子電磁気学を持ち出して、テレパシーを説明するがそれでもダメ、荒唐無稽にしかならない。でも僕のほうは、いちおう我々の空間の最小構成要素を作用させる、座布団の配列を変えるという物理的なメカニズムがはっきりしているのです。

浜口・すると相手は移動していないつもりでも、倒れたりするのですね。

保江・それが、今日現在、自分自身で納得できる範囲の物理学の観点からの眞法合気のからくりについての説明です。もちろん素領域構造なんかあるわけない、という意見はあるでしょう。ただ湯川先生の素領域理論の枠組みの中では、少なくともこれぐらいは言えるわけです。

浜口・そうですね。物理学の言葉で語れるということですね。

保江・これを仮わなければ、物理学の言葉で語れない。それはいやなのです。それで、ここまで物理学の枠を広げよう、という提案をしたいわけ。

浜口・うーん。それが理論物理のいいところだと思うんですけどね……。

保江・さらにおもしろいのは、こういうことを僕が思いついたら、偶然なんだけど関連するものを目にするようになってきました。いまのスーパーストリング理論がどうのこうのとか、Dブレーンまで行っているとか、そんなことばかばかしいからいままで見てもいなかったのだけど、どうもその分野で、有名なアメリカの理論物理学者カク・ミチオ（加來道雄、日系三世）が最近とんでもないことを言い出したという情報が入ってきたのです。

このまともなカク博士が、自分はまともなことを言っているといって発表しているのだけど、まだそこまで追いついていない普通の物理学者から見ると、ついにあの人もとんでもないことを言い出した、という評判が立っているそうです。なんだろうと思って調べてみると、三年か四年前に、「何故この世界の基本法則は美しい数学で書けるのか」という疑問を呈し、そしてそこを追求したのです。たとえば、スーパーストリングにしろDブレーンにしろこの頃ものすごい抽象数学を持ってきて解析するわけです。またフィールズ賞を辞退したグレゴリー・ペレルマンも宇宙の力学系の理論を使って抽象数学の問題を解いていますが、そもそもなぜ、物理学における基本法則は美しい抽象数学の方程式で書かれるのか、表現できるのか。このこと自体、充分疑問に思っていいことなのに、誰もそんなことあたりまえという感じで、考察しなかったわけです。だから、自分カク・ミチオが考察した結果、この世界、我々の宇宙は、ある超知性体によって制御されていて、その制御の仕方はこの世界における基本原理、物理法則が、美しい数学方程式に乗るように制御されている——そう結論付けているのです。そうとしか考えられない、と。

浜口・それは一つの説明ではありますね。

保江・一つの説明。でも、そのあたりのおじさんや宗教学者が言ったのではない。毎年ノーベル物理学賞の候補に上がるカク・ミチオが言ったわけです。そしたらそれを受けて、ケイレブ・シャーフ（コロンビア大学宇宙生物学センター所長）は「いや、私はこう思う。宇宙空間のうんと微細なところにいくと、ある粒子があって、その粒子の中にエイリアンが住んでいる。すべての現象が精妙な数学方程式で記述できるように、このエイリアンが動かしている」と言うわけです。

この二大巨頭がそういうことを言い始めたのです。特にシャーフさんのほうは、ミクロなところに求めました。カク・ミチオは宇宙にある超知性体に求めました。超知性体は、たとえば素領域の外側、素領域と素領域の間に広がっているひとつながりのもの、それを超知性体と呼べば、それは制御しやすいでしょう。自分の中にある泡だから、泡を偏らせたりなどなど。

というふうに、超知性体とかエイリアンとか、名前は違っていても、湯川先生が素領域理論で言われていたことを直接ではないけれど、なんとなく匂わせるようなことを、二大巨頭などがいま言い始めているのです。

浜口・彼等ほどの人がそこまで言うのなら誰がなにを言っても、ぜんぜん問題にならないですね。

保江・でしょう？　カク・ミチオがそこまで言うのなら、もうちょっと具象化した素領域の構造において、素領域の外側がカクさんのいう超知性体みないなもので、そこに超能力者や合気使いの僕が訴えかけて、素領域の分布構造を少し変えてもらって、相手が立っていられなくする、だとか。

浜口・ロジックは通っている。

保江・通っていますね。しかもあのカク・ミチオが言ってくれているので、「あ、俺のこの考え方、間違ってないだろうな」という確信が生まれてくる。

浜口・心強いですね。

保江・もちろん、そんなばかなという人は多いと思うけど。一度カク・ミチオと会って話をしてみたいですね。

僕がスイスに行く前に、素領域理論からシュレーディンガー方程式を導き出したので、自分としてはこれで満足してこの理論に興味を失ったのですが、それと同じで、超能力も僕の眞法合気も自分としては説明ができたと思っている今は、実はそれらに再び興味がなくなってしまいました。もう、これでいい、と。眞法合気にすら興味がなくなったのです、実は。

みんなは技術で、制限された中で、苦労しながら合気をやっているが、まあ頑張りなさいよ、お手伝いぐらいはするよ、という意味では興味あるのですが……。究極理論まで行っちゃったから、もういいよ、というのが本音です。僕が使える理論物理の範囲では眞法合気は完全解明されたので、もうそれでいい。終止符を打とう。

今度はまた別のものに興味を向けていきたい。

浜口・でも十年ちょっとかかったわけですね。

保江・そう。さっきから聞いて下さったように、その間に、あり得ないような経験があり、人も集まってくれました。あの女子大生がいなかったら絶対こうはなっていなかったから、それがいちばんのポイントだったのですが……。

浜口・最初の偶然の重なりは、偶然だろうとは思いますが、不思議な気がします。

保江・私も手術場で二分三十秒死んだ人間だから、よくあのとき死ななかったと思います。蘇生がうまくいってこうして生きているけど、それまでの僕とそれからの僕とで、なにが違うのかというと、「それから」のほうがいろんな意味のある偶然な出来事が多くて、不思議なことだらけです。昔もないことはなかったのですが、ときたまでした。

浜口・情緒が素領域に影響を与え得るということを認めてしまうと、いろんなことが起きていることは偶然ではないということになりますね。

保江・そう、偶然ではない。神様というのを出すのが嫌な場合は、サムシンググレートとかなんとでも言えばいい。

浜口・自分の情緒によっていろんなことが可能だということであれば、神様は必要でないですね。一人ひとりのなにかの情緒で世の中が動いているかもしれないわけですから。

保江・実は、一人ひとり、というのは神様なのです。日本の神道の考えはそれに近い。八百万《やおよろず》の神。

菅原道真も死ねば神様。

カク・ミチオは超知性体と表現していますが、これ神様なのです、要するに。シャーフはエイリアンと言っているけど、これも神様なのです。

だから合気は、ある意味神業です。昔からそう言われているけれど。御式内から来ているという陰陽師の技だって神業を求めたものだったんだろうから、まあ僕の意見と辻褄は合っているのではないでしょうか。

浜口・そうしますと、自由意志の問題がまだ残されていて、これをどう説明されますか？

保江・素領域の背後に情緒が作用して地の部分の働きで泡の部分である素領域の部分の分布が偏ったりするわけです。では素領域と素領域の間の部分はなにになるのか。これは神様と言ってもいいし、僕は完全調和と言っているのですが、そこが唯一自由意志を持っていて発動できることになります。

黒板に描いた図（写真4）で説明すると、地の部分のうち、たとえば黄色の地の部分をモナドAと呼び、青の地の部分をモナドBと呼ぶとします。両者はもともとは同じ背景の地ですからつながっているわけです。モナドAの中に含まれる赤斜線の素領域には電子を受け入れます、白斜線の素領域にはまた別の素粒子を受け入れます、つまり個々の素領域はそれぞれ決まったものを受け入れるようにできているわけです。同様にモナドBの側にも決まった素粒子を受け入れる素領域があります。

モナドAの素領域に所定の電子なり他の素粒子なりを受け入れたものが、僕なら僕の身体に他なり

写真４

ません。だからモナドAがAさんの霊魂であり、その霊魂だけだったらこの世にはなにもないのだけど、そこに所定の素粒子が入り込んだときには、霊魂に身体が宿ったことになるのです。モナドBのBさんはBさんの霊魂に身体が伴ってきたときBさんという人間になるわけです。

モナドBの外側の青色部分は、たとえば女子大生がオーラとして見えるとすると、これがあるときずーっと伸びてモナドAにつながってしまう。これが眞法合気だと説明できるわけです。

これでいくと、自由意志も実はモナド側が持っていることになります。つまり、背後の地の部分であり、神様の部分です。だからモナドAもモナドBも神様の一部分としてはつながっていて、モナドAの能力とは神様の能力であり、モナドBも同じ能力を持っているし、自由意志もモナドとして持っているわけです。人体の側が持っているわけじゃない。

この素領域理論は、普通の科学では言えないことも言えるから、要望もあるしこういう枠組みもあるから……。

浜口・……モデルとして使い勝手がいい。

保江・そう、モデルとしては、あの女子大生の能力の説明すらある程度できると思っています。

浜口・カク・ミチオも、湯川秀樹先生も、またアインシュタインもそうですが、ある程度晩年になると、一挙に究極理論を求めようとするのは共通しています。アインシュタインだったら非対称場の相対論とか、湯川先生だったら素領域理論がそうですし、自分が生きているうちに最終解決を見たいという心理が働いて、ある年齢になるとちょっと急いでしまうようですね。

保江・自分の中で閉じたいんじゃないかな。死ぬまでに、自分の中の疑問を晴らしておきたい。

浜口・それは理論家に共通するものではないでしょうか。

それとこういうモデルは素朴であるにせよ、ロジックを持ち込むということは、もはやなんでもありではなくなるわけです。たとえば眞法合気ではこれはできてこれはできない、ということになり、モデルは次の一歩になります。

保江・だって共通に議論するときに、なんでもありだと、議論する必要はなくなりますから。

浜口・今回の対談本の内容が合気に関する理論としてはほぼ最終理論になるのでは、と思います。その反面、我々修行者としては、私は理論はすごく興味深いですが、物理学の言葉に慣れていない一般の人は、聞いても意味がわからないだろうと思います。理論とは別に、やはり自分ができるようになるにはどうすればよいか、という具体性をみなさんは求めているのではないでしょうか。私自身もいまはそちらのほうに関心があります。

さて、この後の時間で、私のメソッドというものについてもう少しお話ししたかったのですが、話すと保江先生はきっと退屈されると思います。（笑）私もいままでは、他の人による説明やテクニックに関する話を聞いても興味が持てないということが実際あるので、そこはよくわかります。そこで、私の話はまたいつかの機会にさせていただくとして、その代わりに、私の現状に至る形成過程を含めてメソッドの概要だけでも巻末に付録として公開させていただけたらと思います。

先生、今回は大変に貴重なお話をたくさん聞かせていただき、本当にありがとうございました。私を含め「合気」を求めてきた我々門人が進むべき道が大いに開けた気持ちです。心から感謝申し上げます。ありがとうございました。

#「師匠」の独白／あとがきに代えて

結局のところ、天下の「灘高」に集う英才達に長年にわたって物理学を講じ、毎年学年の過半数を東大と京大に合格させてきた文字どおり百戦錬磨の浜口隆之という人物の前では、まさに蛇に睨まれた蛙の如し。まるで催眠術でもかけられたかのように、いつのまにか僕はすべてを白日の下にさらしてしまっていた。そう、気がつけば、この僕がいったいどのようにして合気修得への道を歩んでこられたのか、その一部始終を包み隠さずにカミングアウトさせられていたのだ。

だからといって、後味の悪さは微塵もない。むしろ、清々しささえ感じるほどに、自分自身の人生行路を誇らしく振り返ることができたという印象が、対談後にも続いている。思えば、師にも、先輩にも、友にも、後輩にも、そして弟子達にも恵まれていたのだ、この僕は。だからこそ、「合気」という武道、いや人の道の秘奥に位置する真理の存在に気づくことができただけでなく、その存在を広くすべての人々に示し、その実体や存在理由を物理学理論を駆使して解明することができたに違いない。本当に幸せ者だったのだ。

そんな人生で最も重大な事実に気づかせてくれたのが、今回の師弟対談、いや師弟対決だったのだが、誰の目にも明らかなようにそれが上首尾に終わったのは浜口隆之という希有な能力を持つ弟子が対決相手だったからだ。単に厳しい論戦を仕掛けてきただけでなく、終始見事なさばきと運びでこの僕自身ですら忘れていた、あるいはまったく気づいていなかった「合気修得への道」の大切な関門の数々を明らかにしてくれたのだから。彼の存在がなかったならば、おそらく「合気完結への旅」はまだまだその終着駅すら見えない様相を呈していただろう。

心より感謝したい。

二〇一七年十二月二十五日　港区白金の寓居にて「師匠」記す

保江　邦夫

参考資料　身体合気方法序説

浜口　隆之

身体合気技法については本書対談中でも述べていますが、なにぶん対談のため断片的な記述になり、不明な点が多いと思います。そこで保江邦夫先生と海鳴社に相談したところ、巻末資料として技法に関する追加説明の掲載をお許しいただくことができました。

ただ、この技法は完成したとは言い難く、そもそもなにをもって完成というのかが不明であり、現在も進歩しています。体系的な説明はまだちょっと難しいのです。

そこで追加説明に代えて、私が入門した頃の五里霧中の段階から最近の「合気の方法（メソッド）」の成立に至るまでの数年にわたる過程を、私が冠光寺流神戸道場のホームページに連載した文章からその一部を抜粋編集する形で、紹介させていただくこととしました。泥臭い試行錯誤の過程をお見せするほうが、資する点が多いと思いましたので。

さてその過程で私が参考にさせていただいた『透明な力』（木村達雄著　文春文庫）という本は、保江邦夫先生の師である佐川幸義先生の言行録です。〈合気〉という不思議技について書かれており、合気研究者のバイブルのような本です。しかしその中身は難解で、これを読めば合気ができるようになる、というようなものではありません。この本を以下では文献①と呼ぶことにします。

私が文献①を読んだとき、最初は私も意味がまったくわかりませんでした。しかしその後、その本と、保江邦夫先生から教わったことを手がかりとして研究を進めた結果、なにがしかのことはできるようになったのです。

では、二〇一二年六月から始めましょう。長期に渡るものですので、記法や表現の不統一はお許しください。

保江邦夫先生からの最初の伝授（2012. 6. 24：記載日の日付、以下同）

私は保江邦夫先生から伝授を受けました。私にとって重要な（合気に直結した）伝授は二回ありました。一回目は二〇〇九年春のことです。

岡山の稽古でたまたま保江先生と組ませていただいたときに「浜口さん、実戦的な合気はこうやるんですよ」とかけられた技です。言葉の説明はなし。この技は後日、稽古後の食事のときに、アザレという店のカウンター席で、再度かけてもらいました。私はこの経験をたよりに夏ごろに初歩的な合気を完成させ、翌年（二〇一〇年）神戸稽古会を始めたのです。

理論よりも感覚を（2012. 6. 28）

合気は「一種の感覚」です。その感覚を知らなければ合気は使えません。

合気は自転車に乗ることと似ています。つまり、「自転車モデル」は合気に関する論理的な問題を解決するのに役立ちます。

誰も生まれつき自転車に乗れる人はいません。練習しているうちにあるとき乗れるようになります。乗れる人と乗れない人との差は「自転車乗りの感覚を身につけているかどうか」です。量的な差ではなく質的な差です。

合気を言葉で説明するのが難しいのは、自転車の乗り方を言葉で説明するのが難しいのと同じです。自転車が倒れずに走る理由は物理学の一分野である力学で説明できます。しかし力学を勉強して理解したとしても自転車に乗れるようにはなりません。

合気も同様。合気の理論を勉強しても合気ができるようにはならないのです。

魂を重ねる（2012. 7. 8）

私は二〇〇八年夏から岡山へ通い始めました。

当初は「合気をかける」というからには相手に対して何かをするのだろうと思っていました。ところが当時の保江先生の教えは「内面の変化」「僕《しもべ》になる」「平和を願う」など、自分自身の状態をどうにかするということだけで、相手に対して何か特殊なことをするという言及はありませんでした。

「自分の状態をどうにかすることでなぜ相手に合気がかかるんだろう」「何か能動的な働きかけが必要ではないのか」という疑問がいつも私の中にありました。稽古では雰囲気にまかせて倒れていましたが、何もわかっていませんでした。

さて、その年の十二月、稽古後に野山道場から岡山駅まで送っていただいたときに、車内で思い切って保江先生に聞いてみました。合気をつかんだ最初の頃はどんなふうにしておられたのかを尋ねたところ、「ああ、その頃は魂を重ねるというのをやっていた。よくいろんな人に試していたなあ」というようなことをおっしゃいました。

タマシイ？

意味はよくわかりませんでしたが、ともかくも、私はそのとき初めて能動的な行為のヒントを得たのでした。

探してみるとこれに関することはその後の保江先生の著書に出てきます。

・相手の魂を自分の魂で愛とともに包んでいく「愛魂《あいき》」という武道らしからぬ内面の技法（保江邦夫著『唯心論武道の誕生　野山道場異聞』海鳴社　P.39）

・即ち僕の魂を後頭部の上に解き放ち相手の魂を包んでいく（同 P.50）

・馬乗りになっている佐藤師範の後頭部あたりにあるはずの魂を自分の魂で包み込んでいくしか方法はない！（同 P.113）

おそらくこれが、愛魂という技法を能動的な行為として、具体性をもって述べた唯一の記述ではないかと思われます。私が二〇〇九年夏に一つの初歩的な合気技法を完成させられたのは、このヒントがあったればこそでした。ただ、このヒントだけでは無理だったでしょう。これだけではただのイメージ、想像にすぎませんから。

二〇〇九年春に伝授されたことと、このヒントを組み合わせる必要がありました。

合気上げの手順の一例（2012. 7. 20）

さて、私が今やっている合気では、自分がいったい何をやっているかということはもちろん自分で把握しています。原理の一例をお教えしましょう。

たとえば「合気上げ」を考えてみましょう。私が正座した状態で、相手が私の両手をがっちりつかんで私の太ももに押し付けているとします。相手は、私が腕に力を入れて押し上げてくるだろうと予想しています。

ここで私が例えば指を張って前腕（肘から先）に力を入れ、相手の手を押し上げたりすればそれは相手の予想どおりであり、相手は容易にそれを止めることができるでしょう。

ここで私が「りきまない力」（「やわらかい力」「脱力した力」「ぶつからない力」「透明な力」など表現はいろいろありますが）を使えば、相手はそれを止めにくくなります。これはこれで有用な一つの技術です。多くの合気系武術で見られる技法です。我々も使います。

しかしこれは合気ではありません。「合気に似た力技《ちからわざ》」です。

ではどうすれば合気になるのか。方法の一例を示しましょう。

合気上げの手順の一例‥

（1）相手が私の手首をつかみ押さえつけています。私は腕の力を完全に抜いています。腕を単なる物体にしています。

（2）私は前触れなく、腕以外の身体のどこかの筋肉（たとえば腹筋）を急激に緊張させます。腕は動かさず物体化したままです。

（3）コンマ数秒の間をおきます。この間に相手に合気がかかります。

（4）相手に合気がかかったことを（私が）察知したとき、私は物体化したままの前腕を使って、（つかまれている）手首で相手の（つかんだままの）掌に一瞬弱い圧力を加えます。相手の掌の真ん中にスイッチボタンがあってそれを押すような感じです。相手の身体全体を押し上げようとしてはいけません。

（5）相手が反応したら、相手の掌への圧力を一定のままキープし続けます。ボタンを押し続ける感じです。

（6）あとはなりゆきにまかせます。相手が立ち上がるか、後ろへのけぞるか、どうなるかは相手次第です。

解説しましょう。

相手の立場から語ると、こんな感じです。

「いつ押し上げてくるんだろう。おっと、いま力が入ったぞ。あれ？　手は全然力を感じないぞ。どういうことだ？」　脳は（無意識に）このような思考をたどります。合気がかかった状態になります。脳が混乱するわけです。

「うっ、今度は手が動いた。来るぞ！　あれ？　いま動いたように感じたが来ないぞ。いや来ているぞ。対処せねば！」　身体は何とか動こうとしますが適切な動きを見つけることができず、余計な動きをしてしまうわけです。

なお、（4）の「相手に合気がかかったことを察知する」ということは重要ポイントです。この感覚は、術者から合気をかけてもらう中で獲得することができます。

以上、今回ここに述べたのは私の方法の一例であり、冠光寺流の統一見解ではないことをお断りしておきます。

抵抗力の競い合い（2012. 8. 3）

もし集団内でお互いが対抗心を持ちながら稽古していると、技にかかってなるものかという気持ちが働き、つい抵抗したくなります。一歩間違うと、技をかけることの練習よりも、技にかからないことの練習に走ってしまうおそれがあります。抵抗力を競い合ってしまうわけですね。

もしこうなってしまうと（抵抗力を競い合うような集団になってしまうと）、道場の雰囲気がよくない感じになるだけでなく、合気習得自体が困難になるでしょう。合気に関しては、効かすよりも止めるほうが容易なのです。誰かの合気を止めて見せたからといって、自分の合気のほうが上だとはいえません。抵抗力の競い合いに陥らないことは、重要な留意点です。

さて、わが師保江邦夫先生が幸運にも合気のヒントをつかむことができたのはなぜでしょう。その要因の一つは、初期段階の練習相手が女子大生だったということにあると思われます。抵抗力がついていないので、初期段階の合気でも効いたのです。

1．まずできるようになること。

2．次にその威力を増すこと。

あたりまえのことですが、習い事はあまねくこの順序で上達を図ります。「できるかできないか」

と「強いか弱いか」を同列に論じる愚をおかすと、合気習得はおぼつかないでしょう。

合気習得の過程に立ちふさがる壁（2012. 8. 27）

合気習得の最初の段階における壁は二つあります。一つめは「合気がどういうものかわかるかどうか」です。二つめは「合気が使えるようになるかどうか」です。

一つめをクリアしていない人は、当然のことですが間違った方向に行きます。そして当人は間違った方向に行っていることに気づかないという状況になります。

さて、一つめをクリアしたとしましょう。つまり、術者から実際に技をかけてもらうことができて合気がどういうものかがわかり、合気をめざして稽古を続けているとします。

ここで次のワナが待ち構えています。「合気に似た力技」と「合気に似た感応技」の存在です。

「合気に似た力技」とは、「りきまない力」（前出）を使って相手を物理的に崩すものです。ぶつからずにふわっと倒されるという感じは合気と似ていますが、合気とは別物です。

「合気に似た感応技」とは、型練習を繰り返した結果、投げられる感覚を弟子が覚えてしまい、触れなくても弟子が勝手に倒れてしまう現象です。

さて、一つめの壁をクリアしたとして、合気が使えるようになるにはしばしの期間が必要です。合気は「できない」のがデフォルト（初期状態）です。この期間中に「合気に似た力技」や「合気に似た感応技」は比較的簡単にできるようになります。それはそれで達成感があるので、それができたところでよしとして甘んじてしまうケースがあるのです。これがワナです。

二段階の操作（2012. 8. 30）

文献①で佐川先生は「合気とはつまり、相手の状態をすっかりダメにしてしまう瞬間の技術で、このあとは相手が抵抗力をすっかり失ってしまうので「透明な力」で自由に技をかけるというものであり」と述べておられます。

操作が二段階になっていることにお気づきでしょうか。

広い意味ではこれ全体が合気だといってよいと思います。実際、速くやれば一動作になってしまいます。しかし狭い意味で言えば一段目が「合気」で二段目が「透明な力」です。「透明な力」は「合気に似た力技」の一つです。

「合気」と「合気に似た力技」の二段階をシーケンシャルに行うことが佐川先生の技であったと思われます。一段目が「合気」、二段目が「合気に似た力技」ですね。

技法の整理（2012. 9. 4）

冠光寺流合気の技法について整理してみたいと思います。技法は大きく三つに分類できると思われます。それらを仮に［S］、［A］、［B］と呼んでおきます。

［S］　いわゆる「愛魂」です。

愛。内面の変化。身体操作は用いない。これは私から習うよりも、保江先生から直接習うべきです。

［S］はある意味、無敵です。［S］の難しい点は、できているのかできていないのかがわかりにくいことと、鍛錬法がないことです。

［A］　愛魂と合気テクニカルの中間的な技法です。

神戸稽古会で最もメジャーな技法です。入門者にはまずこれを体験してもらいます。感覚もとりやすいです。鍛錬不要で、すぐにできるようになります。（註：［A］は目合気のこと。当時は名前を伏せていた）

［B］　合気テクニカルです。

身体操作により合気をかけるための技法要素群。今で十数種類あります。［S］［A］を使わず［B］だけでも合気はかかります。各技法要素に応じた鍛錬が必要です。身体操作なので鍛錬によって強化することが可能です。

合気上げの新しい方法（2012. 10. 28）

私が最近発見した合気上げの方法をお教えしましょう。

従来の私の合気上げの方法は、すでに述べた二段階からなる方法です。一次動作（身体動作）で合気をかけるというものです。この方法は確実性があり、よく効きます。

さて、今回の方法は一次動作と二次動作の区別がありません。動作は一回のみです。

新しい合気上げの手順：

（1）相手が私の手首をつかみ押さえつけています。私は腕の力を完全に抜いています。腕を単なる物体にしています。

（2）私は全く何もせず「その瞬間」がくるのを待ちます（平均的には2～4秒程度）。

（3）「その瞬間」がきたらスッと手を上げます。

説明しましょう。

相手の「弱さ」とでも呼ぶべき変数があり、それが時間的に変動しています。おおむねサインカーブで変動していて、その周期は個人差があります。それを感じとることができます。弱さがピーク（極大値）に達したときが「その瞬間」です。

おもしろいことに「その瞬間」を見送ってしまう（「その瞬間」が通り過ぎてしまう）と失敗します。

合気の芽（2012. 11. 30）

世の中には「合気を身につければ無敵になる」というようなことを思う人がいるようですが、それは幻想です。「合気ができるできない」と「戦いが強い弱い」は別の問題です。合気は一つの技術にすぎません。また、合気は一つの技術ですから、人によって、巧拙や、向き不向きや、得手不得手があるのもあたりまえです（他の技術と同様）。

うちの稽古会に来ていただくと「技をかけられる」感覚はすぐにわかります。「技をかける」感覚がわかるには少し時間がかかりますが、これもやっているうちに少しずつできるようになります。できる始めの段階は非常にデリケートです。一歳児が二足歩行を始めたような段階です。立って歩くのがやっとで、すぐにこけます。この段階で抵抗力の強い人と稽古をしたりすると、合気の芽はつぶされ、習得のチャンスは失われます。この最初の段階をどのように育てるかが難しいところです。

合気習得のための十訣（2012. 12. 27）

さて、今回はまとめとして、合気を学びたい方のために、私が重要と思う修行上の要点を箇条書きにしてみます。

合気習得のための十訣：

1　哲学的・宗教的・形而上学的・オカルト的な言葉による説明を真に受けないようにする。
2　「技をかけられる感覚」を術者から教わる。
3　「技をかける感覚」を術者から教わる。
4　できないのがデフォルト（初期状態）なので、できなくてもあせらない。
5　できないからといって自分のやりやすいように技を別のものに変えてはいけない。
6　できはじめの頃は、友人や家族などを相手に技を試してはいけない。
7　「合気に似た力技」に陥らないようにする。
8　「合気に似た感応技」に陥らないようにする。
9　抵抗力の競い合いをしないようにする。
10　「合気ができるできない」と「戦いが強い弱い」を混同しないようにする。
以上はあくまで私個人の現時点（二〇一二年末）の考えによるものです、

気と合気（2013. 3. 21）

合気道では、相手が手をつかみにくるとき、がっちりとつかまれる直前に、つかみにくる相手の動きに合わせて、こちらも動き始めます。すなわち、気の流れ（つかもうとする意識）を途切れさせないように導くわけです。タイミングがくるってがっちりつかまれてしまったりしたら、合気道としては失敗です。

いっぽう合気は、がっちりつかまれて動けなくなったときにどう対処するか、という研究から生まれました。合気の稽古は、がっちりとつかませたところから始まります。ここが合気と合気道との大きな違いです。

合気道は合気から派生したもののはずなのになぜこのような違いが生じたのでしょう。

合気の練習において、自分の合気が未熟な段階では、がっちりつかまれると全く動くことができません。非常に困った状況です。行き詰まりです。ここで一つのアイデアにたどりつきます。

そうか！　がっちりつかまれる前に動き始めてしまえばいいんだ。これは名案だ。がっちりつかまれる直前に動き始めて、つかもうとする意識は途切れさせないようにする。すると相手はついてくる。つまり気の流れを導けばいいいんだ！

正解です。「がっちりつかまれる前に動き始めればよい」というのは一つの解決策です。

しかしそれは何のための解決なのか。目的は何か。

単に相手を崩すことを目的とするなら、その解決策は名案です。しかし、合気習得を目的とするなら、その解決策は採用すべきではないのです。その解決策を採用して練習を始めたとたん、合気からは離れて、別の技法体系に移っていくことになるでしょう。

以前に私は合気習得の心得として、「できないからといって自分のやりやすいように技を別のものに変えてはいけない」と書きました。これはその一例といえるでしょう。

とはいえ、この解決策は、合気などという習得に時間のかかるものに比べて、ずっと実用的であることは確かです。指導（教えること）も楽です。動きを見て真似ることができますから。一つの技法体系として十分価値はあると思います。

がっちり押さえられたとき（2013. 3. 23）

がっちりつかまれて動けなくなったときに何とかするのが合気です。その典型的な状況が合気上げです。合気上げにおける合気のかけ方はすでに何度か述べていますが、もう少し説明しましょう。

今、がっちり押さえられて全く動けない状態で、合気をかけようとしています。まず次の点に留意してください。
・全く動けないというけれども、直接押さえられているところ以外の身体の部分は、幾何学的制約の許す範囲で自由に動ける。
・全く動けないというけれども、人体には弾性がある（筋肉や腱は鋼鉄のような固さを持つわけではない）ので、直接押さえられている部分であっても少しは（1センチぐらいは）必ず動ける。
次のようにして合気をかけます。接点（押さえられている部分）以外の身体の一部を、前触れなくピクッと動かします。接点はほとんど動きませんが、接点を通じて微小な振動が相手に伝わります。それと同時に微小な圧力を接点に生じさせて一定の圧力を保つようにします。振動により相手の神経が反応し、その後の圧力によって、反応したままの状態が維持されることになります。これでオーケーです。合気がかかりました。

「微小な」というのがどの程度なのかが決定的に重要ですが、説明は困難です。強すぎても弱すぎてもいけません。実際に感じていただくしかないでしょう。

初心者にとってまず難しいのは「前触れなく動く」という動作だと思います。

佐川先生のつかみ方（2013. 6. 23）

二〇〇八～二〇〇九年頃（まだ私が何もわかっていなかった頃）、岡山で保江先生から次のようなお話をうかがったことがあります。

「佐川先生がこちらの手をつかんでいるとき、佐川先生の手にはすごく力が入っているように見える。しかし、つかまれているこちらは全く力を感じない」

「佐川先生はご自身の手が震えるほど力をこめている。しかし、こちらの手にはその力が全然伝わらない」

佐川先生のつかみ方は、そういうつかみ方なのだそうです。

最近になって私は、このお話には「つかみ合気」のヒントが含まれていたのだということに気づきました。今にしてようやくわかったのです。聞いた当時は「合気をかける感覚」を私がまだ理解していなかったために、ヒントを聞いてもわからなかったのだ、ということが今ではわかります。

合気をかける感覚（2013. 6. 23）

合気技法は動きをまねるだけではだめで、「合気をかける感覚」が伴わなければなりません。この「かける感覚」を得るのには少し時間がかかりますが、「かける感覚」は「かけられる感覚」とよく似ており、やっているうちにわかってきます。

この「合気をかける感覚」とはどのようなものなのか。

それは具体的に言うと、「合気技法の操作感覚」および「相手に合気がかかったことを察知する感覚」の二つから成ります。前者は合気技法を行うときの動き方のコツのようなものです。これは練習しなければなりません。一方、意外と見落とされがちなのが後者です。

「相手に合気がかかったことを察知する感覚」というものが存在します。

その重要性に気づき、その感覚をつかんだ人は、稽古の姿勢が変化するでしょう。合気技法を〈開発する〉ことができるようになるからです。極端なことを言えば、相手に合気がかかるなら〈何をしてもよい〉のです。

入門して一年は型を通じて基本的な合気技法を学ぶべきですが、「相手に合気がかかったことを察知する感覚」を獲得したのちは、独自のやり方をいろいろ試してみることができます。たとえば保江邦夫先生の著書に、「鼻から息をキュキュンと吸い込む」という技法が紹介されています（『唯心論武道の誕生』P. 22）。どんなに奇妙な方法であれ、それによって相手に合気がかかるなら、それは立派な合気技法です。

以下余談。相手に合気がかかったことを察知するには、相手をよく観察しなければなりません。この観察するという行為自体が、合気をかけることに効果があるようなのです。物理学の中に量子力学という体系があります。量子力学では、観察という行為が、対象の状態を変化させてしまいます。よく似た論理だなあと思います。

合気を受ける感覚（2013. 8. 11）

合気の感覚を表現する言い方はいろいろあります。

たとえば「愛する」「我の殻をとる」「一体となる」「受け入れる」などは合気の表現ですが、これらは合気を〈かける〉感覚を表現したものです。合気は技なので、（教える人も習う人も）〈かけられる〉よりも〈かける〉ほうに意識がつい向いてしまいます。しかし、合気を会得するためには、まず〈かけられる〉感覚を（体で）覚えることが必要です。

合気を〈かけられる〉感覚の表現にはどのようなものがあるのでしょうか。

よくある表現は「力を感じずに倒される」「フワッと倒される」「気がついたら倒されていた」というものでしょう。これらは技をかけられたときの感覚であることは確かですが、厳密に言えば〈倒されるとき〉の感覚であって、〈合気をかけられる〉ときの感覚ではありません。技は二段階になっていることを思い出してください。


では〈合気をかけられる〉ときの感覚とはどのようなものなのか。

うまい表現を一つ思いついたので紹介したいと思います。

電車に乗って窓際に座っていて、駅で電車が停車しているとします。それと並んで隣にも電車が停車しているとします。自分の電車は停まったままで、隣の電車が急に動き出したとき、自分の体が勝手に動いてしまう。そういう経験ってありますよね。

動いていないものを動いていると感じてしまう（あるいは動いているものを動いていないと感じてしまう）という現象です。その起こる理由はともかく、これらの現象は簡単に実験・体験できるでしょう。

「合気をかけられる感覚」は、この電車の例の感覚と非常によく似ています。

停止期間こそが本質（2014. 2. 9）

これまで述べてきたように、身体操作による合気技法は、一次動作と二次動作の二段階で成り立っています。一次動作で合気をかけ、二次動作で倒します。

合気がかかるかどうかは一次動作で決まり、一次動作こそが重要である。私はそう考えていました。

（一次動作の具体的な技法としては、現在のところ、「小手合気」「つかみ合気」「つつみ合気」などと名付けたものがある）

ただし一次動作と二次動作の間に「一瞬の間」が必要であることは、経験上、気づいていました。

たとえば以前、私はこのように述べています。

「コンマ数秒の間をおきます」

「一瞬遅れて（コンマ数秒の後）」

「一瞬の間をおくのです」

一瞬の間について何度も言及しているわりには、私はその重要性に気づかず、ちょっとしたコツ程度の認識でした。

ところが、ところがです。

最近になってこの「一瞬の間」のほうこそが重要なのだということに気づきました。ようやく気づいたのです。主客転倒とはこのことを言うのでしょう。「一次動作」は脇役にすぎず、「一瞬の間」こそが主役であることを悟ったのです。

「一瞬の間」が単なる待ち時間ではないことは漠然とわかっていました。たとえば過去に私は次のように述べています。

「動作を急停止し、自分の手を、つかんだ形のまま静止させます（突如時間が止まって自分自身が凍りついたかのように）」

「一瞬休止して動きをフリーズさせます」

「自分がロボットだとして、突然バッテリーが切れて、全動作（脳も）が停止した感じです。目も表情も停止させます」

「つかんだ手の形を固化して一瞬停止します（自分の電源を切る）」

つまり、単に間をあけるだけではなく、強制的に停止するわけです。この停止している間を「停止期間」と呼ぶことにします
よく合気上げの練習で、「何もするな」と教えられることがありますよね。人は、何もしていない（自然にしている）ときでも、呼吸・揺動・まばたきなど、けっこう動いています。

これでは何も起きません（合気はかからない）。むしろ「停止しろ」が正しい言い方だと思われます。ある瞬間にすべての動きをピタッと停止し、「停止期間」に入れということです。

つまり、「何もしない」のではなく、「動きを止める」という行為をするのです。この「動きを止める」という行為が一次動作になるわけです。一次動作の意義は、「ピクッ」にせよ「ピタッ」にせよ、停止期間の始点を作ることにあったのです。

この感覚は言葉では伝えることはできません。これまで「合気の感覚」（「相手に合気がかかったことを知る感覚」）と呼んでいたものは、停止期間の適切な長さを感知する感覚だったようです。

ちなみに、一次動作を省いても合気をかけることができます。一次動作はなくても、停止期間があればよいからです。

まとめましょう。

これまで合気技法としてとらえていた（種々の）一次動作は合気の主要部ではなく、停止期間こそが合気の主要部なのです。停止期間による合気を「停止合気」と呼ぶことにしましょう。「停止合気」という概念により、これまでばらばらだった各種技法を統一的に理解することができるのです。

この統一理解に立つと、「どんな動きもやりかたによっては合気になりうる」という不思議なことが、容易に理解できますね。つまり、どんな動きであれ、その動きを「停止期間」の始点にするという意識で用いれば、「停止合気」は成立するわけです。

極端な話、一次動作は停止期間の始点になりさえすれば何でもよい、二次動作は停止期間の終点になりさえすれば何でもよい、ということです。

じつは私は、そろそろ何かブレークスルーがありそうだと思っていたのですが、一次動作のテクニックにばかり目が向いて視野が狭くなっていました。それが、ここ一週間ほどの間に岡山のＱさんとの議論の中で視野が広がり、「停止合気」というアイデアが突如として明瞭になりました。議論の相手をしてくださったQさんに感謝いたします。

基本技法「つつみ」（2014.5.5）

今回は、基本技法「つつみ合気」の練習法について説明しましょう。

まず自分の手で実験してみてください。

握手をするような感じで、自然に手を出します。掌は斜め上向きにします。手を「パー」の形にして強く指をそらせます。一瞬で力を抜きます。すると指は勝手に内側に曲がりますよね。このときの指の動きが「つつみ合気」の指の動きです。この動きを覚えましょう。

次に「つつみ合気」の独り練習はこうやります。

正座して、左手を「グー」にして、胸前あたりに静止させておきます。右手を「パー」（指をそらせる）にします。

①右手を左手に近づけ、右手の掌の中央部分（やや手先に近いほう）を左手の拳頭に接触させる。

②接触させたら掌はそれ以上動かさず、指の力を抜くことにより右手で左手をつつむ（中国式の挨拶のような形になる）。つつんだらそのまま停止する。

③その両手の形を保ったまま、両手を、左手を押し込む向きに移動させて、自分を後方へ崩す。

①②③のリズムは「イチニイサン」ではなく、「イチニイッサン」です。①と②の間を一拍とすれば、

のです。

②と③の間は一・五拍です。②と③の間に停止期間を入れます。一瞬息をつめるような感じです。また、

③で、自分で自分を倒す（自滅する）のは奇妙に思うかもしれませんが、この自滅する感じが合気なのです。

独り練習ができるようになったら（自分を倒せるようになったら）、次は対人練習です。

正座した相手に両手を「グー」にして構えてもらいます。正面からその両手をこちらの両手でそれぞれつつんで「つつみ合気」をかけ、相手を後方に崩します。最初はたいてい失敗しますが、そういうものです。失敗の原因は、停止が不完全なこと、停止期間が短すぎるか長すぎること、③の動きでりきんでしまうこと、などが主な原因です。

失敗したときは、失敗を繰り返してもできるようにはなりません。術者から正しい技をかけてもらって、タイミングや力の感覚を覚えてください。また、術者が他人に技をかけているのをよく観察して、タイミングや雰囲気をとらえてください。

他人どうしが稽古しているのを観察するのも、よい稽古になりますよ。他人が失敗したとき、なぜ失敗したのかが〈見える〉ようになってきます。

基本技法「つかみ」（2014. 5. 7）

今回は、基本技法「つかみ合気」の練習法について述べます。

まず、独り練習を説明しましょう。

正座して、左手を「グー」にしてボクシングのように構え、左ストレートを打つように左手を伸ばします。伸ばしきらない位置で左手を静止させておきます。

①右手で、左手の前腕（肘から手首までの間）の、肘に近い太い部分をつかむ。つかんだらその形のまま停止する。

②その右手の形を保ったまま、右手を、左手の前腕の骨に平行に、左肩に向かって移動させ、自分を後方へ崩す。

①②のリズムは「イチニイ」ではなく、「イチッニイ」です。「ニイ」の前に停止を入れます。以上が独り練習です。

「つかみ合気」の独り練習には、もう一種類あります。

「イチッ」までは同じですが、「ニイ」で今度は、右手を前方に移動させます。自分の左手を、引っこ抜くようにするわけです。自分を前方へ倒します。

これができるようになったら、次は対人練習です。

正座した相手に左手を出させて、それをこちらの右手でつかみ、後方や前方に崩します。

よくある失敗は、「ニイ」の前に、どちらかへ動き始めてしまうことです。「ニイ」の前は、いっさいの方向性を出さずに、空中に静止していなければなりません。また、「ニイ」で動くときに、右手の形が変わってしまったり、強く握ってしまったりするのも、失敗です。

「つかみ合気」を使う型は、座り技の「正面打ち」です。

相手の右正面打ちを、こちらの右手の前腕の外側で受け、相手の右側面に体を移動すると同時に、右手を内旋させて相手の右前腕をつかみ、「つかみ合気」をかけて、相手を（相手の）前方に倒します。

なお、「つかみ合気」と「つつみ合気」は、外見上似ていますが、別物です。

基本技法「小手合気」（2014. 6. 3）

基本技法「つつみ合気」「つかみ合気」について、独り練習も含めて詳しく述べてきました。次は「小手合気」にいきましょう。

「小手合気」も「停止」を含むことは共通ですが、前二者に比べて格段に難しいことにみなさんはお気づきだと思います。前二者では「つかみ」や「つつみ」などの、手の動きがあり、その動きの先に「停止を開始する瞬間」があります。

一方、「小手合気」（合気上げの型を想像してください）では、最初からこちらは押さえられて止まっています。すでに止まっているのにどうやって「停止を開始する瞬間」を作ればよいのでしょうか。

その方法の一つは「ピクッ」です。以前にピクについて書いた時期は「停止合気」に気づく前でしたので、ピクの方法をやたらと詳しく追求していました。今では停止が主役であることを認識していますから、ピク以外の方法でも、「停止の開始」になり得れば方法は何でもよいとわかっています。

では、基本技法「小手合気」の練習法を述べましょう。まず、独り練習は次のようにやります。

正座して、右手を軽く握り、右の鼠蹊部に置きます。左手で右手首を上から強く握ります。右手は脱力します。口を閉じ鼻で静かに呼吸します。これが準備姿勢です。

①鼻から息を吐いている途中、ウッと息を止め、すべての動きを停止する。

②右手首を左掌に押し付けて圧力を加え、その圧力を保ちつつ、後方に倒れる。

①と②の間が停止期間です。それには適切な長さがあります。「自分が倒れやすくなる瞬間」が察知できた瞬間に、②の動作に移ります。この瞬間を察知することが、この練習の眼目です。「つつみ合気」「つかみ合気」に比べて格段に難しいですが、努力あるのみです。

以上が独り練習です。これは、第一段動作としてのピクッを使わないタイプの「小手合気」です。

独り練習ができるようになったら、次は対人練習です。

合気上げをやってみてください。最初は、相手を立ち上がらせようとすると、りきんでしまうので、相手を後ろに倒すところから始めればよいでしょう。ちなみによくある失敗は、停止が不完全である、停止期間が短すぎるか長すぎる、②の動作に移るときに余計な動き（ひねりなどの）が入る、などです。

さて、合気の基本技法三つ「つつみ合気」「つかみ合気」「小手合気」の練習法について詳しく説明してきました。この三つが身につけば、座り技はすべてできるでしょう。これら三つはすべてその中核に停止合気を含みます。停止合気は各技法に共通するメタ原理であると考えられます。

立って行う独り稽古（2014. 10. 28）

今回は立って行う「独り稽古」について述べましょう。独り稽古については前三回で既に述べています。

そこでは座位（正座または胡坐）での「つつみ合気」「つかみ合気」「小手合気」の独り稽古を紹介しました。その後、工夫を重ね、現在では「立位（立った姿勢）での独り稽古法」ができあがっています。座位では一次動作の練習が主だったのに対し、立位では二次動作の練習が主になります。

では、立位の独り稽古を「つつみ合気」で説明しましょう。

立った姿勢で、前に述べたように、自分の片手をもう一方の手でつつみます（ここまでが一次動作）。その後、接点を動かすのですが、どの方向に動かすか（正しい方向はどこか）を意識して、動作を行います（二次動作）。この場合、（つつまれた）前腕（手首から肘までの部分）の肘方向の延長線を、自分のかかとの後方の地面に向けて、前腕全体をその方向に動かします。それが「正しい方向」です。すると自分を軽く倒す（崩す）ことができるでしょう。

最初は「正しい方向」が見つからないと思いますが、技をかけられた感覚を思い出し、いろいろ調整しながらやっているうちに（正しい方向を）見つけることができます。自分で自分に技をかけるのは不思議な感じですが、この練習により正しい方向がわかれば、相手に対して技をかけるときも、相手を崩すのが容易になります。相手の弱い方向が察知できるようになってきます。

自分で自分に技をかける、などということは他武道では考えられませんよね。自分に大外刈りをかける、自分に四方投げをかける、自分にローキックを入れる、など想像するだけで滑稽です。(笑)

合気に関してはなぜ自分で自分に技をかけることができるのか。

それは技の動作が局所的で小さいからです(ほとんど接触点だけの動きであるから)。同様に「つかみ合気」「小手合気」の場合も、立位での独り稽古を行うことができます。人を軽く倒したいと思うならば、まず自分自身を軽く倒せるようになりましょう。

準備体操・壁体操・独り技(2014.11.24)

最近の神戸道場では、独り稽古のやり方を中心に練習しています。独り稽古のやり方がわかれば、自宅で練習できるからです。(岡山本部でも初期の頃(二〇〇八年頃)は準備体操や壁腕立てなどが行われていましたが最近は行われていないようです)

私が現時点で設けている独り稽古は次の三種です。

1. 準備体操
2. 壁体操

3．独り技

1の準備体操は、普通の準備体操（腕の旋回や膝の屈伸など）に似たものですが、「技に必要な動き」を身につけることを目的とした体操です。腕の体操と足の体操がそれぞれいくつかあります。単に機械的に動作を繰り返すのでなく、各動作の意味を理解して練習することが大事です。

2の壁体操は、壁を利用した準備体操です。壁に接触するときの手の形が重要で、「手刀」「指先」「掌」などいくつかの形があります。手の形によりそれぞれ注意すべきポイントがあり、両手か片手か、力の方向はどうか、リズムはどうか、など気をつけなくてはなりません。

3の独り技は、各技法ごとの接触方法を用いて、自分で自分を倒す練習をするというものです。空手や柔道や合気道では自分で自分に技をかけるなどということはありえませんから、この練習は合気に特有の練習といってよいでしょう。対人稽古ではどうしても相手を倒そうとする意識が働いてしまいますが、その点、独り稽古では相手を倒そうとする意識は働かず（あたりまえですね）、動作の精密化に集中できます。

また、対人稽古では動作の回数が制限されますが、独り稽古なら何回でも好きなだけ繰り返すことができます。それも独り稽古のメリットです。

さて、この一年は実り多い一年でした。「停止合気の発見」と「独り稽古の開発」が今年（二〇一四年）の二大成果といえましょう。

これまでの重要な発見（2015. 1. 1）

さて、二〇一五年が始まりました。さっそくですが、年末が待ち遠しいです。（笑）なぜなら、年末にはきっと、さらなる進歩が達成されているはずだからです。ただ、それがどのようなものであるかは、現時点では不明です。だから、楽しみなのです。

これまでのところ、うまいぐあいにときおり転機が訪れ、重要な気づきがなされてきました。ちなみに、これまでの歩み（重要な発見など）を振り返るとこうなります。

二〇一〇年一月　神戸稽古会を立ち上げる
二〇一一年一月　冠光寺流神戸道場として保江邦夫先生から認められる
二〇一二年一月　神戸稽古会公式ＨＰを開設
二〇一二年六月　『透明な力』を読む」連載開始
二〇一二年八月　技が二段階から成ること
二〇一二年十月　弱くなる瞬間
二〇一二年十二月　合気習得のための十訣
二〇一四年二月　停止合気
二〇一四年五月　独り稽古

二〇一四年六月　等速運動
二〇一四年十一月　壁体操

現時点(二〇一五年一月)ではもちろん、現時点の成果が最高のものです(あたりまえですね)。しかし、今後もこれまでのような歩みが繰り返されるとすれば、一年後には間違いなく、予想もしなかったことが発見されていることでしょう。それを楽しみに、私は毎年稽古を続けているのです。結論を急ぐことなく、一年ずつ進んでいきたいと思います。

接近系の停止合気（2015. 1. 12）

停止合気は「接触↓停止↓移動」というプロセスにより相手を無力化して倒す技です。接触のしかたとして、手首などを捕られて接触が起こるか、こちらから近づいて接触するか、二つのパターンがあります。

後者すなわち接近系の停止合気が形を成してきました。

最近では応用練習としてこのような練習をしています。がっちり構えて立つ相手にこちらから接近し、好きなタイミングで、好きな部位に対し、好きな手形で接触し、停止合気で崩す。接触は片手でも両手でもかまいません。両手がそれぞれ異なる手形でもかまいません。(たとえば相手の右斜め前方から接近し、左手で相手の右肘に対して手刀接触、右手で相手の左鎖骨に対して指先接触)

自分の得意技や相手の体勢を考慮し判断します。判断は自由です。形を気にせずに一回でパッとやる、ということが肝要です。

応用練習に入るためには、その前にまず「つつみ接触」「手刀接触」「掌接触」「指先接触」それぞれの手の形が正しくできていること。手の形ができたとして、腕や他の部分の動きが正しくできていること。それらを独り稽古により確立しておかねばなりません。

型稽古以外の稽古法（2015. 2. 3）

昨年から今年にかけて稽古方法が大きく変わりました。以前は型稽古（相手と組んで決まった動きを行う）が中心でした。「片手捕り何々」とか「正面打ち何々」とかですね。

型を用いた稽古により、もちろん合気は習得できますし、上達も可能です。（もちろん、正しい感覚と方法を教われば、ですが）

しかし、型稽古に関して気になる点もありました。ひとつの点は、型の通りの状況でしか技が使えない、という点です。型にないつかみかたをされたらどうするのか。型にない攻撃をされたらどうするのか。こちらから近づいて技をかけるにはどうすればよいのか。これらがわかりませんでした。

もうひとつの点は、型稽古では、稽古の中身が、組んだ相手の個性に強く影響を受ける、という点です。相手の感度・抵抗力・性格により、技がかかったりかからなかったり、うまく倒せたり倒せなかったり、することです。自分が技ができているのかできていないのか、わからなくなります。せっかくつかみかけていた大事な感覚を、抵抗力の強い相手に当たったために、失ってしまう、というのはよくあるアクシデントです。(笑)

また、正確な動きを練習しようとしても、相手にがっちりつかまれたままでは、りきんでしまって正確な動きにならない、ということもあります。

最近、型稽古にまつわるこれらの難点が解決されました。解決法は単純なものでした。型稽古以外の稽古法を導入したことでした。(笑)

まず「独り稽古」があります。

独り稽古には「準備体操」「壁体操」「独り技」の三種があります。独り稽古は、正確な動きを体に覚えさせることを目的とする鍛錬です。「準備体操」では、固定部位と可動部位を峻別することが重要です。「壁体操」では、筋力を鍛えることはもちろんですが、リズム・圧力・タイミングを学ぶことに意義があります。「独り技」では、自分に技をかけることにより、「かける感覚」「かけられる感覚」を磨くことをねらいとします。また、正しい崩しの方向を身をもって会得することもねらいです。

次に「自由接触稽古」があります。接近系の技と呼んでいたものです。この稽古では、相手に対して、自由に接触して技をかけます。独り稽古で身につけた各種接触法を、形にこだわらず、自由に使います。現段階では、かまえて静止している相手に技をかける、あるいは、スローモーションで攻撃してくる相手に対して技をかける、という練習をしています。

「独り稽古」と「自由接触稽古」の開発によりいくつかの難点は解決されました。

まず独り稽古で基本となる正確な動きを作る。その後、対人稽古でその動きを行使する。ただし対人稽古では、動きの正確さよりも勘を重視する。このように段階的な過程を導入することにより、型稽古の制約を越えた訓練が可能となりました。

「独り稽古で動きを確立し、対人稽古で勘を養う」

この方法論に至った今では、型稽古だけでは動きも確立できず、勘も養えない、ということがよくわかります。

二段階操作で合気がかかる理由（2015. 3. 25）

接触合気は、一次動作と二次動作から成る二段階の動作です。一次動作と二次動作の間には適正な停止時間をおきます。「一次動作」「停止時間」「二次動作」のそれぞれに細かい注意と、それを可能にするための鍛錬が必要です。なかなかすぐにはできませんが、時間をかけて練習をつめばできるようになります。それが技術というものです。

しかしなぜ、そのやり方で合気がかかるのか。その理由は何なのか。

そのことに最近ふと気づきました。（やればできるんだから理由なんてどうでもいい、といえばどうで

もよいのですが）

合気は「相手を無力化する」ものだと言われますが、合気上げのように相手を立ち上がらせてしまうのは、無力化するだけでは不可能ですよね。相手に対して「まるでこちらの技が物理的に効いているかのような身体運動を自発的にさせる」ということを実現させねばなりません。

二〇〇九年の春、私は入門してまだわずかで、まったくなにもわかっていませんでした。その頃私は（当時の自分のメモによると）「合気とは相手を過敏状態にさせることである」というアイデアを書き残しています。（過敏状態というのは「敏感すぎて過剰に反応してしまう状態」のこと）しかし当時、自分自信を過敏状態にすることはできるとしても、自分とは別の個体である相手を、強制的に過敏状態にする方法など思いもよらず、このアイデアは埋もれていきました。

さて、ごく最近（二〇一五年三月）、岡山のＱさんとのメールのやりとりで、停止合気としぐさ合気に共通することは何だろうかという話題の中で、私は次のようなことを書いています。

＊　　＊　　＊

合気の本質に「相手の五感を刺激して相手の脳に違和感を与える」ことである。触覚を主として刺激するのが「接触合気」である。視覚聴覚を主として刺激するのが「しぐさ合気」である。

接触合気は、身体的接触を通して相手を刺激するものであり、動きの器用さが要求される。接触合気の基本原理は「停止」である。接触の方法は部位によってさまざまであり、「つつみ」「手

刀」「指先」など、接触場所に応じた手形と動き方がある。（以下略）

＊　　＊　　＊

書いてしばらくして（翌日ぐらいに）私は、これこそが過敏状態を作る具体的方法なのだ、ということに思い至りました。

たとえば、室内で何か作業をしていて、ドアをノックする音が聞こえたとします。音が大きければ、「誰かがドアをノックしている」ということを認識するだけです。しかしその音がもし、聞こえるか聞こえないかぐらいの微かなものだったら、「あれ？　いま何か聞こえたような気がしたが何だろう」という意識が働き、作業を中断してドアに目を向け耳をすませるでしょう。この反応は無意識に起こる本能的なものです。つまり我々は、閾値ぎりぎりの刺激を受けると、自動的に感度が上がってしまい過敏状態になるのです。（進化で培われた一種の防御反応なのでしょう）

これで、合気が二段階動作であることの理由が明らかになりますね。

一次動作で微かな刺激を与え、相手を過敏状態にする。過敏状態（感度が高い状態）はほんの一瞬維持されるだけで、すぐに正常に戻る。その一瞬のタイミングをとらえ、二次動作で次の刺激を与える。その結果、過剰な身体反応が誘発される。

これが合気の原理だと思われます。気づいてしまえば簡単なことです。

まあしかし、原理がわかったところでできるようになるわけではありません。感覚を学び、さらに、必要な動きができるように鍛錬しなければなりません。正しい感覚と正しい鍛錬法がわかっていれば、あとは努力あるのみです。皆さん、がんばりましょう。

しぐさ合気（2015. 4. 2）

合気の原理を最も端的に言うとこうなります。

「一次動作で相手を過敏状態にし、二次動作で過剰反応を起こさせる」

一次動作の説明としてドアのノックの喩えを挙げました。閾値ぎりぎりの微かなノック音に相当するのが、接触合気（の一次動作）でした。

喩えを敷衍してみましょう。微かな音でなく、普通の大きさの音であっても、その音が〈予期しない異常な種類の音〉の場合には、注意を引きますよね。ガラスの割れる音とか、パトカーのサイレン音とか、悲鳴とか。予期しない音が突然聞こえると、ギョッとして本能的に身構えます。これを一次動作として利用するのが「しぐさ合気」であると考えられます。相手が予期しないような、しぐさを突発的に行うわけです。しぐさは日常的な動作ですから、それを行うのに特に身体訓練を必要としません。その点、「しぐさ合気」は「接触合気」に比べてはるかに実行しやすいといえます。（接触合気はやり方を習った上でさらに身体訓練が必要）まとめますと、次のようにいえます。

「一次動作として、微かな音を利用するのが接触合気」

「一次動作として、大きさは普通だが異常な音を利用するのがしぐさ合気」

しぐさの例としては、たとえば次のような動作が考えられます。

万歳をする、深呼吸をする、ハッと息をのむ、肩をすくめる、ため息をつく、咳払いをする、眉をしかめる、ニコッと笑う、鼻をふくらませる、あひる口を作る、などなど。

それぞれの動作に深い意味はなく、意外なものなら何でもよいので、いくらでも思いつきますね。訓練なしにできるものばかりです。（あひる口はちょっと難しいかも）（笑）

ただ、ここで一つ問題があります。これらの一次動作の後の二次動作をどうするかということです。（一次動作だけでは相手は倒れない）しぐさ合気の場合は二次動作が特には用意されてはいないので、自分がすでに身につけている何らかの技を流用しなければなりません。一次動作との連携も自分で工夫するしかありません。しぐさ自体は簡単ですが、しぐさ合気を合気技として完遂するとなると、また別の難しさが伴うと思われます。

愛魂とは（2015. 4. 23）

合気の原理を最大限に要約して言えば、「一次動作で相手を過敏状態にし、二次動作で過剰反応を起こさせる」となります。

私は一次動作として接触を用い（触覚を利用する）、接触点における身体操作を工夫して、この原理を実現させます。このタイプの技法を「接触合気」と呼んでいます。それに対し、触覚ではなく視覚聴覚を利用して一次動作を行うものを、「しぐさ合気」と呼んでいます。しぐさ合気は、相手が予期しないようなしぐさを突発的に行うことにより、相手を一瞬ひるませるものです。接触合気が運動神経に作用するのに対し、しぐさ合気は意識に作用します。さて、ここからが今回の本題です。

しぐさはいろいろなものが無数に考えられますが、その効果はしぐさにより強弱がありますよね。では、最も効果の強いしぐさはいったい何でしょうか。状況（敵が攻撃してきている）を考えると、答は明らかですよね。相手を無力化する（攻撃を中止させる）最高のしぐさとは何か。

それは……降参することです。

降参した相手に対しては、攻撃の手を止めるのが普通です。「降参のしぐさ」こそが、論理的にいって、（相手を無力化する）最も効果的なしぐさといえましょう。

降参していることを表現するしぐさを、具体的に考えてみるとこうなります。

・構えを解き（武器を棄て）動きを止める（攻撃体勢を解く）
・急所をさらけ出す（防御体勢を解く）
・従順な姿勢を示す（相手の言うことに一〇〇パーセント従う）

すなわち無条件降伏です。煮て食おうが焼いて食おうが相手の思うまま。もはやこちらに勝利はありませんが、攻撃を中止させることはできるわけです。もちろんその後の運命は、相手にゆだねるしかありません。どうなろうとかまわない。その覚悟が必要です。

「降参のしぐさ」をやるには、動きを放棄し、自分にとって有利な動きはすべて自粛しなければなりません。さらに、慈悲を乞う表情が加われば、理想的です。自分が完全に無力な存在であることを、アピールするわけです。

ん？

まさかこれって「愛魂」？

そういうことだったのでしょうか。

私は長年、「何もしない」「我の殻をとる」「僕《しもべ》になる」「祈る」「赤んぼうになる」がいったい何なのか、全然理解できていなかったのですが……

うーん……

今すとんと腑に落ちてしまいました。

停止の意味（2015. 11. 10）

視野の中で何かが急に動き出せば、われわれはそれに気づきますよね。気づけば反射的にそれに対処しようとします。たとえば食卓で、何かのはずみでグラスやボトルが倒れそうになったら、思わず手を伸ばしてそれを支えます。

では逆に、視野の中で動いているものが急に停止した場合はどうでしょう。

そういう現象（動いているものが突然ピタッと静止する）は日常ではほとんど見られません。たとえば電池で動いているおもちゃが、たまたまその瞬間に電池が切れて突然止まるというようなことですが、現実にはほとんど起こりません。

視野の中で動いているものが突然止まった場合、やはりわれわれはそれに気づきます。気づけば反射的にそれに対処しようとします。しかし、止まったものに対して、どう対処するというのでしょう。対処のしようがありませんよね。異変には気づいたが、次に起こすべき行動がない、という状態に陥ってしまいます。フリーズしてしまうわけですね。

これが停止合気の効いた状態だと考えられます。

この「起こすべき行動がない状態」を強制的に作り出してやることこそが、停止合気の原理だといえるでしょう。そしてそれを実現させる方法が「一次動作およびそれに続く停止期間」です。

相手をその状態に陥らせたのち、次に二次動作に移ります。

二次動作には重要なポイントが二つあります。ポイントの一つめは、二次動作を起こすタイミングです。つまり停止期間の適切な長さを知ることです。ポイントの二つめは、二次動作の動き方です。この動き方は「鋭い立ち上がりの等速運動」と呼ばれるものです。これらの重要ポイントはいずれも、言葉で教えることは極めて困難です。

メソッドの成立と将来（2016. 8. 8）

皆さん、お久しぶりです。またまた前回からだいぶ時間が経ちました。

その間、書くことがなかったのかというと、むしろ逆で、いろんなことがありました。メソッドの確度が上がってきたことと、新たな技法群の発見です。新技法群というのは、身体技法ではあるが、従来のメソッドとは異なるものです。（何かが違う）

さて、先月ようやく（新技法群についての）整理がついたと思えたので、心機一転して書き始めました。ところが、ところがです。先月（二〇一六年七月）末の稽古で、ちょっと思いついて試してみたことが、思わぬ新発見をもたらしました。新技法群と呼んでいたものの奥に、次なる世界があったのでした。それは、「手以外の接点」を使って技をかけるやりかたで、まさに「皮膚の下の筋肉の動き」という言葉がぴったりのやりかたです。もしかすると、これがいわゆる「体の合気」なのかもしれません。ただ、このやりかたは、方法を教わったからといってすぐにできるものではなく、少しばかりの鍛錬が必要です。先日の実験では確かに効果は認められたものの、威力は不確実です。（相手の感度に依存する）研究は始まったばかりであり、じっくりと慎重に進める必要があります。

現時点で（二〇一六年八月）、メソッドは次の三種があると考えられます。

1「昨年（二〇一五年）末までに整理されたもの」

これはメソッドと従来呼んでいたものです。今後「標準メソッド」と呼ぶことにします。

２「本年の前半に開発されたもの」

新技法群と呼んでいるものです。区別のために「追加メソッド」と呼ぶことにします。

３「最近新たに発見されたもの」

研究中であり、呼称は思案中です。

いつのまにか種類と分量が増えてきました。一般的には〈たくさんある〉ことはよいことだと考えられますが、私は物理学を専門とするので、〈できるだけ少ない〉ことが理想です。究極の基本原理からあらゆることが説明できる、という体系が理想です。

冠光寺流ではその究極原理は（保江邦夫先生により）すでに知られていて、「愛」がその究極原理なのですけれども、「愛」は観念的すぎて実用的ではありません。私はもっと実用的な、学べば誰にでも実行できる、身体操作としての基本原理を追及して、稽古を続けています。続けていると次々と新たな未知領域が開けてきます。今後が非常に楽しみです。

追記（2017. 12. 24）
連載は以上でちょうど一〇〇回となり終了しました（二〇一六年八月八日）。ここに紹介したものは、一〇〇回の連載全体を約四分の一の分量に絞りこんだものです。

連載終了後、現在（二〇一七年十二月二十四日）までの一年半の間にも進歩はありました。その進歩についてはホームページに書き残すことはしませんでしたが、今後もし機会があれば紹介したいと思います。

最後にこの場をお借りして、一緒に稽古に励んできた冠光寺流神戸道場の会員の皆様と、道場の自由な運営をお許し下さった保江邦夫先生に、心より感謝を申し上げます。

ありがとうございました。

浜口　隆之

著者：保江 邦夫（やすえ くにお）
岡山県生まれ．
東北大学で天文学を，京都大学と名古屋大学で数理物理学を学ぶ．スイス・ジュネーブ大学理論物理学科講師，東芝総合研究所研究員，ノートルダム清心女子大学大学院人間複合科学専攻教授を歴任．
理学博士．

著者：浜口 隆之（はまぐち たかゆき）
京都市生まれ．
京都大学理学部で物理学を主として学ぶ．京都市内の公立高校で数学を９年間教えたのち，平成１年から神戸市の灘中学・灘高等学校で物理を教え，現在に至る．

合気完結への旅

2018 年 3 月 12 日　第 1 刷発行
2023 年 7 月 28 日　第 2 刷発行

発行所：㈱ 海 鳴 社　http://www.kaimeisha.com/
〒 101-0065　東京都千代田区西神田２－４－６
E メール：info@kaimeisha.com
Tel.：03-3262-1967　Fax：03-3234-3643

発 行 人：辻　信　行
組　　版：海　鳴　社
印刷・製本：モリモト印刷

出版社コード：1097

ISBN 978-4-87525-339-6